ALFRED KERR

JA, ES IST EIN ZAUBERORT

aufbau

ALFRED KERR

JA, ES IST EIN ZAUBERORT

Italienische Reisen

aufbau

ISBN 978-3-351-04227-1

Aufbau ist eine Marke der
Aufbau Verlage GmbH & Co. KG

1. Auflage 2024

www.aufbau-verlage.de
10969 Berlin, Prinzenstraße 85

Umschlaggestaltung zero-media.net, München
unter Verwendung eines Bildes von FinePic®, München
Satz Greiner & Reichel, Köln
Druck und Binden GGP Media GmbH, Pößneck, Germany

Printed in Germany

INHALT

Venezianisch 7

Rakéel' 9
Chioggia bei Venedig 16
Abermals Chioggia 19
Die Stunden auf Dschosa 21
Sturm in Venedig 23
Wieder Lagunensturm 24
Demütiges San Lazzaro 29
Der neue Campanile 32

Hesperisch 35

Der Fuhrmann am Gardasee 37
Die Schönheitsinseln. Mercede 43
Roma 49
Teutones in pace 54
Florentinischer Juli 58
Padua 62
Vorhof Liguriens. Zwischenspiel: Genf 64
Ligurien 69
Genua 72
Neapel 75
Messina 83

Eine Insel heißt Korsika … 87
Vorspiel: Sardinien 89
Der Eintritt in Korsika 95
… bis ihn seine Rosa weckt 103
Der Menschenschlag 113
Die Luft um Ajaccio 121
Der zweite Sohn von dreizehn Kindern 128
Piana 135
Evisa 141
Calacuccia 147
Corte; Calvi 151
Bastia 156
Nachspiel: Elba 160
Widmung an die Begleiterin. Für Julia 169

Editorische Notiz 173

Venezianisch

Rakéel'

I.

Es wuchs vor meinem Fnster
  Ein leuchtender Feigenbaum …
- - - - - - - - - - - - - - - - - - - -
  -
Die weiße Etsch rauschte vorbei,
  Die feuchte Erde roch nach Wein.
Die Welt mit allen Büschen
  Wuchs mir ins Fenster hinein.

Wo war das gewesen? Es war … Wo die deutsche Sprache noch herrscht. Wo sie lichter blüht als im dünnen Tieflande. Das lag hinter mir.

II.

… Dann kam ich in die Stadt. Wunderstadt, verfallene; mit nächtlicher Schönheit am Meer, im Leuchten zerbröckelnder Trauer; Hochzeit von Schwermut und Anmut. Es geschah zum dritten Mal, dass ich hinkam. Wochen hatt' ich einstens dort gelebt. Nächtlich strahlte sie; tiefer, prachtreicher, verstorbener – unsterblicher. Der Löwe von Erz schrie schlafend über die Säule hin, über die Wasser, und schlug mit den Flügeln. Schwarze

Särge zogen durch die Flutgassen zu verschollenen Häusern – ihre Marmorstufen gingen in friedverstohlene Finsternis; Steinköpfe starrten vom Gesims.

III.

So will ich der Wahrheit gemäß berichten, was mir damals in Venedig zustieß. Ein Vorfall ohne Merkwürdigkeit. Vielleicht hat er nur Wert für den Mann, der ihn erfuhr: nicht für andre, die von ihm hören … Für diesen Fall bestände die Entschuldigung bloß hierin: dass wir noch am ehesten solche Dinge erzählen können, an denen wir Anteil genommen. (Und dass es am anständigsten ist, keine andren Dinge zu erzählen, als eben solche) … Es kommt nicht darauf an, dass ich, ich, ich die Dinge erlebt habe. Sondern allein: dass jemand Dinge erzählt, die er erlebt hat … Zudem ist nichts an den paar Tatsachen geeignet, ihren Erzähler in romantisches Licht, oder in heldenhaftes Licht, zu setzen. Vielmehr ließe sich vermuten, dass von dem Erzählten die meiste Helligkeit auf die Stadt und auf die Seele der Stadt fallen werde.

IV.

In einer Tasche des alten Reisebuchs steckten Gasthofs-Rechnungen aus dem Jahr 1894 … und zwei Briefe.

Die Briefe waren von einer venezianischen Bürgerstochter, im Jahr darauf, 1895, nach Deutschland gerichtet, dann dort hineingeschoben worden. Der eine begann: Gentile signor … (hier kam der Vorname), und schloss fröhlich: cordiali saluti di lei devotissima R. Es stand hierin Folgendes: Die kleine Base der Schreiberin sei heute zu ihr gekommen und habe versichert, den Empfänger auf dem Markusplatz gesehn zu haben;

ob es wahr sei, dass er in Venedig oder ob er in Berlin sitze.

... Seltsam, nach Jahren so einen Brief im Reisebuch zu finden. Dieses entzückende Mädchen aus einer Kleinbürgerfamilie hatte mich damals venezianisch sprechen gelehrt. An vielen Abenden trafen wir uns, und sie brachte – weil sie auf andre Art nicht hätte fortgehn dürfen – immer die achtjährige Base mit, bei deren Mutter sie wohnte. Das Kind besorgte manchmal, an der Markuskirche nachmittags wartend, unsre Zettelchen mit Verabredungen. Alles das war wundersam heiter; doch mit jenem Ernst, wovon in dieser Stadt noch auf die herrlichste der Herrlichkeiten ein voller Abglanz fällt. Rakéele, venezianischer Rakéel', hatte schönes schwarzes trocknes Haar und war ein großes, zartes Mädchen mit sehr dunklen Augen. Ihr Körper schien ahnungslos zu leuchten, wenn sie sich streckte, oder mit geschmeidigem Liebreiz das lange Schultertuch der Venezianerinnen halb in Gedanken zurechtschob ... Noch seh' ich ihre Gestalt im Dunkel, als wir einmal bei Regen rasch im finstren Torgang einer ausgestorbenen Kirchgasse Unterschlupf suchten. Sie stand im Dunkel neben mir, die Kleine aß abseits an ihrem Kuchen.

Auch seh ich sie, wie wir draußen bei einem Weinwirt einkehrten, in einem kaum beleuchteten entlegenen Stadtteil – unter freiem Himmel saßen wir drei an einem Tisch, der auf die alten Quadern hinausgeschoben war, und vor uns stieg aus dem weiten Wasser die Steininsel mit Zypressen: der Kirchhof. Auch damals saß sie neben mir. Und noch oft.

V.

Das war sechs Jahre her. Es trieb mich nun, eines Abends, das Haus zu suchen, welches der Schluss jenes Schreibens genannt. Ich wollte fragen, ob vielleicht jemand wisse, was aus einem Mädchen, namens Soundso, geworden, die vor sechs Jahren dort bei ihren Verwandten gewohnt. Von der Abendmusik ging ich aus dem Gewühl, kreuz und quer, durch umgitterte Ufergänge, mattfarbige Winkel mit alten Brunnen, an erleuchtet verhangenen Schänken vorbei … und fand die Gasse, nicht weit von der Kirche zur Schönen Heiligen Maria oder Santa Maria Formosa.

Als ich klingelte (diese schmalen alten Häuser werden von oben geöffnet), fragte mich eine fünfzigjährige Frau, die außen, neben dem ehernen Türlein gestanden, was ich wolle; sie rief, wie zu ihrer Unterstützung: »Rakéel', vien' a basso!« Und als Rakéele in dem dunklen Haustor erschien, wo ihr Gesicht nicht erkennbar war und das meine auch nicht, sprach ich mit leiser Stimme. »Ich glaube nicht zu irren …«

Sie nannte meinen Namen.

VI.

Nach einer Weile brachte sie Licht und hieß mich hinaufkommen; die Tante stieg hinter mir die steinernen Stufen empor. Wir saßen zu dritt in Rakéeles Zimmer, dem einzig bewohnten dieses mittleren Stockwerks. Bloß die Kerze brannte. Das Zimmer war geräumig, ein Fenster stand offen, das Gesumm aus den abendlichen Nachbarstraßen drang herein. Die Tante, nach den verblüffenden ersten Erkundigungen, schlug die Tür zu und stieg in ihre Wohnung. Rakéele saß neben mir.

Sie war kaum verändert. Sie hatte noch ganz das Unsagbare, den Liebreiz. Den lustigen Mund unter den melancholischen Augen. Nur dass sie damals achtzehn war und heute vierundzwanzig.

Ein Kind von weniger als einem Jahr schlief im eisernen Wiegengestell an dem zweiten, geschlossenen Fenster; ein rundes kleines Mädchen. Auf meine Frage, wem das gehöre, erwiderte sie schlicht: è mia – es ist meins.

Als ich sie anblickte, wie sie jetzt dastand, bloß ohne den Glorienschein, und als ich die Stimme hörte, mit der sie die Worte sprach, die Stimme, die mir so wohlvertraut war, da ergriff ich ihre linke Hand, welche dem Herzen am nächsten ist, und küsste sie bis zur Handwurzel. Wir traten ans Fenster, ich blies das Licht aus, und indem wir uns über die Brüstung lehnten und in die stiller werdende Gasse hinabsahen, redeten wir von der Vergänglichkeit der Zeit und von unsren einstigen Zusammenkünften vor sechs Jahren. Die Base von damals war ein großes Mädel geworden und zu Besuch in Chioggia. Jedes Wort wusste Rakéele, das wir damals gesprochen. In ihrer alten lustigen und sanften Art holte sie das hervor. Fein wie eine Prinzessin; lustig wie Colombine; schön wie eine Heilige; still wie eine Venezianerin.

Sie fragte nach meinem Leben in Berlin, nach den Gewohnheiten dieser Stadt. Dann, als wir vom Fenster in das Zimmer zurückgetreten waren und im Dunkel nebeneinanderstanden, erzählte sie vom Vater des Kindes, einem Sizilianer, den sie drei Jahre kannte – Schiffsingenieur auf der Strecke nach Alessandria in Ägypten. Sie hoffte, dass er sie heiraten würde. Die Verwandten waren bitterböse, als das Kind kam. Am meisten die Mutter, die anderwärts beim Bruder wohnte. Sie plauderte fort. Sie gehe täglich zur Messe, komme sonst nicht aus dem Haus (wegen der Kleinen) und stehe manchmal bis nachts um zwölf an diesem Fenster und schaue so auf die Gassen. Einmal im Monat kam er zurück. Zuweilen ging sie mit dem Kinde gern in den Markusdom, – die Kleine sei noch kein Jahr, könne aber schon richtig das Kreuz schlagen.

Das erzählte sie, lächelnd und ernst, wie damals. Ich fragte, ob sie ihn lieb habe. Sie hatte ihn gerngehabt, und sogar für ihn die »Krankheit« durchgemacht, die Eifersucht. Jetzt nicht mehr so. Sie kannte schon seine Fehler. Das sagte sie mit ernsterer Stimme.

Ein kindhaftes Wesen sprach.

VII.

Am nächsten Abend ging ich im Dunkel wieder zu ihr. Rakéel' wartete. Das Licht brannte. Sie saß auf dem Sofa, angetan mit ihrem schönsten Kleid, an einer schmalen Glaskette hing der Fächer, den sie langsam gegen ihr Gesicht bewegte. Bei Sternenschein verließ ich das Haus. Dies war der vorletzte Abend meines Aufenthaltes in Venedig.

VIII.

Am letzten Abend um halb elf stiegen wir fröhlich und leise die Treppe hinunter. Sie war in ihrer alten, süßen Tracht, in das lange dunkle Schultertuch geschmiegt, ohne Hut. Auf den kleinen Plätzen lag Ruhe. Am Haltestand der Schönen Heiligen Maria gingen die Stufen ins Wasser; wir riefen und stiegen ein. Der Mensch fragte, wohin. Sie antwortete wie ehemals, mit feiner Stimme: ein biss'l Luft schöpfen – per respirar' un po' d'aria! Es ging zuerst unter Marmorbrückchen und durch Seitenwege leicht in die große, dunkle Flutgasse mit den Palästen, dann aber hinaus in die schwermutvolle, fernere Lagune. Bei der langgestreckten braunen Häuserinsel der ganz Armen, der Giudecca, sahen wir noch Gestalten ins Wasser springen und baden. Gegen Mitternacht näherten wir uns dem ummauerten Klostereiland, wo die armenischen Mönche hausen und ihre Bibeln drucken; nur ein Fenster war hell. Um halb eins legten wir weit draußen bei stillen Moloquadern an, der Gondelführer lief in das verschlafene Wirtshaus mit den wenigen späten Gästen unter freiem Himmel und holte willig ein Eisgetränk von Granatsaft, sowie einen weißen, moussierenden, kalten Wein. Gegen halb zwei fuhren wir langsam zurück. Rakéele saß neben mir. Sie berührte wieder entlegene Worte, die wir vor Jahren gesprochen hatten. Meine eignen waren mir entfallen, doch ich wusste jedes, das sie gesagt, und die Stellen, wo sie es gesagt. Die Milchstraße glomm über uns. Ehrfürchtig äußerte der Gondelführer, ob es z. B. in Deutschland möglich sei, diese Sternbilder zu erblicken. Rakéele wusste nicht, ob sie ihrem Landsmann beistimmen solle; doch legte sie still ihre Hand auf die meine und ließ sie drei-, viermal sacht niederfallen … Als wir durch das letzte Brückchen vor der Schönen Heiligen Maria glitten, sagten wir lächelnd: es sei unsre, unsre Seufzerbrücke.

An ihrem Haus umschlang sie mich noch einmal und wünschte mir mit leiser Stimme Glück. Es war sehr spät. Sie sah zum Fenster, als dächte sie jetzt an die Kleine. Das Laternenlicht fiel auf ihre dunklen Augen. Dann schlüpfte sie still ins Haus.

IX.

... Verborgen in einer Wasserstadt; in Gässchen; vom Weltgeschehen abseits: leben Geschöpfe, glutvoll und fein; zart und lustig; königlich und sanft.

Venezianische.

Sehen die Welt, wenn sie einmal auf den Markusplatz kommen. Oder wenn sie am Fenster bis spät in die Nachbargasse blicken. Das Leben verrauscht; wir wissen nichts von ihnen – bis zufällig ein Einzelner irgendwohin zurückkehrt: von dannen er in einer hohen, atmenden Stunde, vor Jahren, ausging.

Kränze gleiten. Sommergesänge in Höhen und Tiefen. Sterne leuchten und stürzen durch den Weltenraum. Und der glückliche Schmerz bleibt: dies alles nicht nehmen, es mit der Gurgel trinken, es mit den Zähnen essen zu können – und nicht selber zu bleiben, was man heute noch, heute noch, heute noch war.

So ist das Leben. Questa è la vita. Such is life. C'est la vie, c'est la vie, c'est la vie.

Chioggia bei Venedig

I.

Die Bewohner lallen: sie sagen nicht Kiodscha; sie haben diese feinere, zierlichere Art des Veneto-Dialekts. Sie flöten Dzôsa (Kiôhdsa?); gleichwie an irgendeiner friesischen Küste die Konsonanten kindlich ausgesprochen werden. Die Sassen dieser Insel sind Fischer. So verwegen, dass sie mit ihren Barken bis Griechenland fahren.

Mein Freund und ich wollen dieser Tage mit.

II.

Vorläufig sind wir gestern mit dem paduanischen Studenten und seiner Geliebten, Alba, sowie mit dem andren paduanischen Studenten und seiner Geliebten, welche leider Ida heißt, auf einem Segelboot über das Adriatische Meer gekreuzt. Ida sang; Alba, Aube, die Morgenröte, war stiller.

Zwölf Flaschen hatten die Halunken in einem Schaff mit Eiswasser mitgenommen. Wir tranken sie aus mit ihnen und sahen aus dem Grünblauen bald dieses, bald jenes Dorf der Westküste mit seinem Kirchturm oder Campanile, weiß in Farben, emporsteigen, wir sprachen über den Idealisten Kant, über den Positivisten Comte, über Gabriele D'Annunzio, welchen die Studenten für einen jammervollen Macher hielten, es war anno 1898, auch über die Liebesverhältnisse jüngerer italienischer Männer, und über Alba und Ida, doch vorwiegend über Alba, Aube, die Morgenröte, mit ihrem beschattenden Haar.

III.

Und es befand sich auf dem Schiff ein Mann namens Nicola. Dies war sein Vorname. Alle Bewohner der Insel Chioggia oder Dzôza-Kiôhdsa kannten selbigen; denn er war ein Kommissionär, ein Figaro, ein Factotum; die padovanischen Studenten tauften ihn auf meine Bitte Sancho Pansa. Er war dick, hatte sinnlich ein breites Maul, eine flache Nase, und aß, da er die Gastfreundschaft edler Männer genoss, für siebzehn und eine halbe Person. Auf zwanzig Tage, sprachen wir, isst sich Nicola heute voll. Und so geschah es.

IV.

Zuletzt aber, in einer Osteria, welche sich »Zu den Antiche Nazioni« nannte, kam er in Krach mit beiden Geliebten der paduanischen Studenten, und er drohte, der Alba, Aube oder Morgenröte, einen Teller an den Kopf zu schleudern.

Da meldete sich eine peinliche Stille, wir betrachteten den stiernackigen vierzigjährigen Burschen, der so gefährlich war. Einmal soll er einem Gegner sogar einen ganzen Tisch an den Kopf geworfen haben. Eifrig aßen wir die Erdbeeren, die mit Mühe und Not auf der Insel zum Nachtisch aufgetriebenen, und wir erkannten jetzt klar die Ursache des Streites zwischen der Venezianerin und dem dicken Nicola. Sie hatte zweimal mit voller Wucht ein Stück Obst in sein Gesicht geworfen, er hatte sich das verbeten und hatte das italienische Kraftwort porca beim zweiten Male drohend ausgerufen. Das ließ die sich nicht gefallen. Und Nicola, unser allgemeiner Kammerdiener, noch von den Getränken auf dem grünblauen Wasser benommen, drohte, die Tafel aufzuheben und sie insgesamt durch die Luft zu schleudern. Um die Frisur Albas, Aubes, der Morgenröte, und um ihre Hirnschale war es dann geschehn. Und im Grund erkannte mein Ich, wie sehr Nicola recht hatte: denn die Fremdlinge hatten ihm Wasser in seinen Wein gegossen, Wasser in seinen Kaffee, Wasser in seinen Vermouth, Wasser in jedes Getränk, sobald es ankam, und Albas Hand war auf seine dicken Backen grausam gesaust, um ein Meerlied eindrucksvoll zu gliedern. Das erträgt kein Mensch. Er beruhigte sich, als wir nachts in den Gasthof »Zum Gobbo« gingen, um den Tag unter dem Leinwand-Baldachin dieses Wirtes zu beschließen. Alba goss ihm zwar wiederum Wasser in seine Birra di Puntigam, doch er runzelte nur vorübergehend die Stirn, ließ sich von den Insel-Honoratioren hänseln, fühlte sich als Original und sagte zum Schluss (es ist keine Dichterlüge) mit lauter Stimme durch den Garten: questa è la vita. Ich will ein Schuft sein, wenn er nicht sagte: questa è la vita, so ist das Leben.

Ich war ein bisschen berührt. Ich nahm unter dem Zeltdach mein Glas empor, beugte mich mühselig über den Tisch in seine Ecke und stieß mit dem stiernackigen Nicola zweimal an, indem ich seine Worte in deutscher Sprache wiederholte: So ist das Leben. Es ist wiederum die Wahrheit, wenn ich behaupte, dass der verfressene und sonst spitzbübische Kerl die Bedeutung dieses Augenblicks erkannte und mir mit einem freimaurerischen Einverständnis ernst in die Augen blickte: questa è la vita.

(Und rings um uns, an den Mauern des Gartens, wuchsen Platanen und Lorbeerbäume und Wein und Oliven, und von der Junifrische des Adriatischen Meeres kam ein Hauch durch die Nacht.)

Abermals Chioggia

I.

Chioggia ist eine Insel, vier Meilen von Venedig; alles scheint hier für die Schiffer bestimmt, für sie wird der Flachs gesponnen, für sie dehnen sich unter dem Himmel die Seilereien, für sie flechten Frauen die Netze, für sie sitzen dunkle, zarte Meerkreaturen auf den Steinplatten der Inselstraße, flicken Segel. Der Fremde wird als ein Wunder bestaunt und angelacht und bewillkommnet, wenn er grüßt. Die Männer dieser Frauen sind oft Monate, halbe Jahre lang auf dem Meer; und die Treue ist oft ein leerer Wahn.

II.

Die Duse ist eine Chioggiotin. Im Umkreis dieser Insel, mit den Kirchen und der mattgetönten Hauptstraße, gezeugt. Duse: hier ein verbreiteter Name. Vorn am Hauptplatz gibt es einen Drucker Duse; dann einen Emilio Duse, barbiere … Sein Freund, der in der Mittagsstunde bei ihm die Zeitung liest, spricht vom alten Vater Duse; hernach schmält er, dass die Eleonora auch nicht ein einziges Mal in ihrer Heimat gespielt.

III.

Chioggia ist eine Insel, vier Stunden von Venedig. Wenn man mit der Segelbarke auf das Meer fährt, sieht man bei gutem Wetter in der Ferne San Marco.

Jeden Tag gehn wir durch Chioggias enge Gassen mit der stumpfen Buntheit, vorbei an den Dziôsotinnen, die Hanf spulen und Netze flicken. Jeden Tag gehn wir an das Meer, ziehn uns am Strand aus, trollen uns hinein in das frische, milde, grüne Juniwasser.

Drüben liegt Venedig.

IV.

Abends, wenn wir im Garten des kleinen chioggiotischen Gasthofs sitzen oder bei zwei brennenden Kerzen auf dem Zimmer, tönt etwas Singendes, das auch in der Lustigkeit leise bebt.

Wir gehn dann auf und ab in der steingeplatteten Hauptstraße, die barhäuptigen Mädchen der Insel wandeln ruhig in der Abendkühle, schwarz das Schultertuch fazzoletto, schwarz der Rock, schwarz die Augen, schwarz das Haar.

(Und eine ferne Stimme ruft: Komm heran! komm heran, Tod.)

Die Stunden auf Dschosa

I.

Ein andres Jahr. Vier Meilen von Venedig liegt jene Insel im seligen, grünen, junilauen Adriatischen Meer. Immer noch. Auf dieser Insel sitz' ich.

Es ist Nacht; zwei Lichter brennen auf meinem Tisch; ich öffne das Fenster einen Augenblick, das wegen allerhand fliegenden Nachtgetiers geschlossen sein muss – und sehe nach, wer im Nachbargarten zu zwei Violinen und einer Laute singt.

Nicht zu erkennen; denn über dem Gärtchen schwebt ein Baldachin. Er schützt am Tag die Menschen gegen die Sonne; behält abends den Platz, weil er die saftig dicken Ranken von grau-rosa und weißen Mauern her an sich gezogen hat; der Baldachin ist mit den gemörtelten Grenzen des Gartens rankig verstrickt.

Wer unten singt, ist nicht zu erkennen.

II.

Olivenbäume, Platanen, Lorbeer, Weinspaliere, rotbraune Dächer, grüne Fensterläden, selbst in dieser Nacht ein zart hellblauer Himmel, das Ganze von jener zuversichtlichen Seligkeit und Ruhe, die ein Nachgeschmack des Paradieses ist. (Oder ein Vorgeschmack?)

III.

Nach einiger Zeit singt wieder eine männliche Stimme. Jetzt ohne Begleitung.

IV.

O kleine Balkons! Das Wort »süß« passt hier.

Ein Balkon ist genauso lang wie das Fensterchen, vor dem er angebracht ward; keinen Zoll länger; kaum einen halben Meter tief; und besteht aus schlank anmutigen Säulchen. Hie und da ein komisch-edler Löwenkopf, nicht etwan in der Mitte, sondern unsymmetrisch (wie überhaupt alles in Venedig unsymmetrisch ist). Schiefes mit phantastischem Reiz.

V.

Die Nacht war gestern so weich und schwer, dass die beiden Lichter auf meinem chioggiotischen Tisch bald ausgelöscht wurden und ich aufs Bett sank.

VI.

Die Sonne liegt jetzt über der seltsamen Schifferinsel, ich gehe mit einem Freund hinüber in das selige, grüne, junilaue Adriatische Meer, wir steigen abermals hinein; und wenn das Wasser bis an den Hals reicht, heben wir nach Norden die Hand und sprechen:

Dort liegt Venedig.

Sturm in Venedig

I.

Regen. Heut ist, am Donnerstag, die große Lagune stürmisch und schlägt an die Steinfliesen der Piazzetta.

Gestern Nacht saß in den gedeckten Säulengängen des Dogenpalastes allerhand verlumptes Volk, zog sich in sich selbst zurück vor dem Winde, der über die Lagunenstadt jagt. Vermummt schlüpften sie über poriggraue Marmorbrückchen, die Kapuze über den Kopf gehüllt, dass sie gleich dunklen Spitzsäulen, die zwischen fallenden Wassern tänzeln, ganz märchenhaft dahingehuscht sind.

Wenn man sie anspricht, haben sie nichts Koboldgleiches! Antworten mit adliger Sittenfeinheit, Bescheidenheit, stiller Einfachheit ... in eben diesen nächtlichen Wetterschauern, wenn sie (wie dunkle Spitzsäulen) über die Brückchen irrlichtelieren und in Seitengässeln auf schmalem Pfad am Wasser verschwinden.

II.

Um Mitternacht, als der Sturm recht drohend war, saßen die wassergewohnten Venezianer in mancher erleuchteten Weinschänke; in manchem ihrer kleinen Kaffeehäuser – inmitten von Straßen, die recht in Tiefdunkel starrten und von Wassern stärker, melancholischer durchrauscht wurden.

III.

Um Mitternacht fuhr ich ein Stück auf dem Canalazzo, bis zur Rialtobrücke, am goldnen Haus vorüber, Ca doro genannt, und am Palazzo Vendramin vorbei, Wasserrauschen oben, unten; der Vendramin war klitschnass;

und in meinem Herzen lebte dennoch eine unsagbare Freude.

IV.

....

Um Mitternacht ging ich durch einsame Gässchen, deren Bewohner längst gestorben; durch schmale steinerne gestorbene Gässchen; durch Gässchen mit alten verrosteten Pfortegittern zum Durchgucken; durch Gässchen mit verstummten Marmortieren, zerbröckelnden; über kleine, gequaderte, gestorbene Plätze mit drei Brunnen aus altem Marmor, mit einer jählings grauen Kirche von holder Liebkosegestalt.

(Und einmal sah ich im Vorbeischreiten, beim schmalen Durchblick in eine schmale Ferne, die Seufzerbrücke nächtlich schweben – die fallenden Wasser weinten an ihr herab.)

Wieder Lagunensturm

I.

Es ist nun Morgen auf dem grünen, weiten, stürmischen Wasser. Der Blick schweift bis an jenen Punkt, wo die heller grünen Wogen des Adriatischen Meers hineinbranden. An die Piazzetta, an ihre Marmorquadern schlagen die Wellen; auf der schlanken Säule hoch brüllt der venezianisch geflügelte Löwe vor sich, die Augen weit geöffnet, der Schwanz peitscht die Lüfte.

So viel Löwen wie hier sieht man nirgends in der Welt. Und alle geflügelt. Manche davon sind uralt zerfallende Löwen, aus grauen Zeiten der Republik, Löwen mit komisch eingebognem Hintern, wehmütig-stolzem Gesicht.

(Sitzen auf dem Steiß, ihre Verkürztheit zeugt Mitgefühl. Sind heut friedliche Bewohner der friedlichen Provinz Venezien, der stillsten Italiens.)

II.

Vierzehn Tage bin ich hier, bald von Venedig nach der Insel Chioggia eilend, bald von der Insel im Abendschein gen Venedig über die Flut getragen. Jetzt bleib' ich in der Wasserstadt. Ich sehe vom Fenster die Kirche della Salute aus der Lagunenwelt steigend. Ich seh' das Sklavenufer entlang, ich seh' den goldnen Dogenpalast mit den weißen Säulen. Ich seh' den Campanile schmucksachenhold in den Himmel dringen. Ich seh' die Piazzetta, die palazzi – und alles ist wie mit Perlmutter eingelegt auf einem altmodischen Portemonnaie aus den dreißiger Jahren, wie es bei uns im Haus lag, bevor ich in die Schule ging. Dies Portemonnaie war in einer Schublade, nachher in einem Fach des Mahagonispindes, Chiffonière benannt, neben silbernen Leuchtern, der silbernen Fischkelle, den Operngläsern; gehörte meiner Großmama, der feinsten alten Dame mit weißen Löckchen: Amalie Calé. Sie sang öfter das Lied »Hektors Abschied«, hatte Gitarre spielen gelernt, und ich entsinne mich, wie sie stets zu Beginn einen Fehler machte:

Will sich Hektor ewig von mir wenden.
Wo Achill mit den unnahbar'n Händen
Dem Petroklus grässlich Opfer bringt?

Ich weiß nicht, woran es lag, dass meine Großmama Petroklus und nie Patroklus sang.

Manchmal sang sie auch ein Lied: »O Maler, o mal mir mein Liebchen, o mal es so schön wie es ist; o male die lächelnden Grübchen; o Maler, vergiss es mir nicht.«

Sie besaß das Perlmutterportemonnaie. An ihr gütiges Gesicht werd' ich erinnert, wenn über Venedig Sonne scheint; wenn vor den Perlmuttersäulen, Perlmutterbogen der perlmutternen Paläste die Lagune perlmuttern glitzert.

III.

Bisweilen bin ich wieder in Chioggia. An einer stillen Ecke stand: Onorate la memoria di Felice Cavallotti! In schwarzer Ölfarbe war die Erinnerung an den Toten, lebenslänglichen Kirchenfeind, Dichter und Duellanten hingemalt ... Auf dieser Fischerinsel kauf' ich bei einem Bänkelsang-Händler ein Cavallotti-Lied. Er hält am Sonntag Liebesweisen, Stücke der Göttlichen Komödie, Schauerballaden, Gesänge auf den afrikanischen Feldzug gegen Menelik feil. »II duello mortale di Felice Cavalotti – canzone popolare novissima.« Tiefes Bedauern, dass Cavallotti, als er mit Macòla die Klinge maß, einen Stich in den Mund bekam, so dass sein edles Blut dahinfloss, was allen nur Schauder erwecken konnte. Es begann mit den Leier-Versen:

Cavallotti con Macòla
La sua spada misurò;
Ma la pnnta nella gola
Per la bocca penetrò.
Corre il sangue in larga vena,
Cessa l'anima e il respir:
A cosi tremenda scena

Debbon tutti inorridir.
D'Italia il bardo
Forte e gagliardo
Cosi fini
L'ultimo di.

Zum Schluss wies das dichtende Volk rechtens auf die Blödsinnigkeit des Duells. Maledetto sia il duello; ein »dummes Laster«; eine brutta usanza. Dann wieder klagend: d'Italia il bardo …

IV.

Man feierte das Fest des heiligen Fortunat und des heiligen Felix; Patrone der Insel Chioggia. Ein berühmter Tag; die Schiffer kehren aus entferntesten Gewässern heim, ihn mitzumachen (und ihre Gattinnen wieder zwei Tage lang zu küssen).

An diesem Fest hielt ein feiner und starker Pfaffe, die Auslese feinen Pfaffentums, vor den Chioggioten die Predigt. Er sprach nicht pfäffisch, nicht zeternd, sondern mit weicher, voller Kraft, ging auf und nieder, seine federnde Stimme war eindringlich, er sprach schlicht wie ein sonder Umschweif Gläubiger, zugleich mit der Überlegenheit eines seelenbannenden Sprechers.

War ein schöner, ernster Mann; gesunde, künstlerisch durchseelte Züge, aller abgestuften Wandlungen fähig.

V.

Mit diesen Mitteln zog er gegen die neuere Welt – und erklärte doch, er sei nicht gegen den Fortschritt, nur eins solle man ihm lassen: Gesù, Gesù, Gesù!

Die Kirche sei nicht freiheitsfeindlich, wolle die Wissenschaft auch nicht hemmen; die Kirche sei das Wahre;

es gebe heut eitle, unsaubere Schriftsteller, doch die Chioggioten seien ein begünstigtes Volk, und er erzählte den Lebensgang ihrer zwei Heiligen, des heiligen Felix und des heiligen Fortunat.

Beide standen, Fortunat wie Felix, als Wachspuppen unterhalb der Kanzel, mit römischer Kriegsrüstung angetan, darunter mit wollenen Kleidchen, sehr handlich; und die Füße standen auf niedlichen Kanonenrohren, obschon die zwei, Felix wie Fortunatus, zur Zeit des Kaisers Diocletian gelebt hatten, wo es Kanonen nur in verschwindend geringer Zahl gegeben hat.

VI.

Die chioggiotischen Schiffer, heimgekommen die Frau zu küssen, die Patrone zu ehren, horchten auf den politischen Pater; und ich dachte, dass Deutschlands Bühne nicht einen so bewegsam-dringlichen, nicht einen so aristokratisch-innigen Seelenzergliederer besitzt.

VII.

....

Über die Brückchen fegt der feuchte Sturm. Ich schließe mein Tagebuch beim Schein zweier Lichter. Sind jetzt angezündet und auf zwei blaue hölzerne Heiligenleuchter gesteckt.

Ich hab' die Heiligenleuchter in der Via Garibaldi gekauft; noch einen Antonius von Padua. Er ist aus Holz und einem aufgeklebten Bild, recht einfach. Auch eine kleine Lampe gehört dazu, und ein Rosenkranz, und dann ein Gekreuzigter auf schwarzem Holz. Liegt alles zwischen den Leuchtern still. Es stürmt über Venedig.

Demütiges San Lazzaro

I.

Der schönste Platz des Landes ist nach dem heiligen Apostel Markus benannt. Hier sitz' ich und schreibe dies Tagebuch, Kunde zu bringen von der edelsten Stadt, von geliebten Bündeln zarter Porphyrsäulchen, von goldmatten Mosaiks, von marmornen Löwen, mit Flügeln an der Flanke nebst zwei glühenden Augen.

II.

Mitten in den nordischen Herbst hinein sollen diese Stunden erinnern an einen Frühling, an ewige Schönheit, an lindes Wasser des grünblauen Meeres; an dunkel verlorene Feuchtgassen mit sehnsüchtigen Häusern, an verschollene Paläste mit zersprungenem Glanz; an steinerne Flutkirchen; an ein dunkles, entzückendes Mädchen im dunklen Schultertuch; an Gondeln; an gesänftigten Rausch; an alte Bilder Tizians; an die Himmelfahrt Mariä mit hundert süßen, saftstrotzenden, schalkhaften Bengelein oder Kinderseelen; an die weltliche Schönheit dieser holden Venezianerin, die er »Maria« zu nennen geruht; auch an Madonnen des Bellini, über die Maßen anmutvoll – still-ahnungslose Torheit in den ernsten Kinderaugen, als wären sie sitzen gelassen worden.

III.

- -

Ich fuhr neulich über die Lagune zu den armenischen Mönchen. Nach San Lazzaro. Die Insel beherbergt nichts als ihr Kloster.

Sie tragen lange Bärte, schwarze Bischofsmützen,

schwarze wallende Gewänder. Sie feierten in diesen Tagen ein Fest.

Die Sonne war im Untergehn, da brachte die Gondel uns hinüber. Die große, weite, schwermutvolle (bald dunkle, bald rosa-silbernde) Lagune – mit einem Mal brannte sie in rotem überirdischem Glanz … dann sanken die Schatten auf sie.

IV.

Als wir ankamen, lag eine Barke vor dem Klostertor, wir mussten sie überklettern, stiegen auf die tief ins Wasser gehenden Marmorstufen, traten unter die Pforte. Sahen in den Kreuzgängen, die einen grünen Garten umgrenzten, schwarze Gestalten festlich hin- und hereilen; Halbdunkel über den Gängen, über dem abendlichen Garten, über den inneren Treppen.

Ich trat zu einem der umschatteten Männer und fragte sacht, ob uns zu so später Stunde noch erlaubt sei, in das Klosterhaus zu treten. Der Priester, ein starker, hoher Mann von fünfzig Jahren, rief mit ruhiger Freundlichkeit einen jüngeren – und trug ihm auf, uns alles zu zeigen.

V.

Die Armenier werden unterdrückt; von zwei Seiten geknechtet. Und weil sie heimatlos sind, wollten sie eine Heimat errichten auf einer Insel in den Lagunen; Zufluchtsstätte für jeden, der ihre Sprache spricht; von wo aus der weiten Welt er immer kommt.

Fünfzig Priester wirken hier; für das, was dem Vater aller Armenier im Himmel zukommt; zugleich für das Wohl ihres geschundenen Volks auf Erden.

Haben in Venedig eine Schule für die kleinen Armenier aufgemacht, so gewillt sind, ihr Werk auf der Insel dereinst fortzusetzen.

Vielleicht schlägt, fern oder nah, die Stunde der Erlösung, des Jubels. In Erwartung des großen Tages, wo sie, Misshandelte, ihrer Wunden vergessen, einer die narbenbedeckte Hand des andern packt – in Erwartung dieses großen Tages bewirteten sie an jenem Abend die Schüler, die man aus Venedig herübergeholt: mit Fleisch und Fisch und süßem Wein.

Und in dem abendlich schönen Klostergarten hatten sie billige Papierlampeln aufgehängt. Auch neben die Glocken ihres Turms. Und eilten geschäftig hin und her: die Lichtlein anzustecken.

VI.

Noch aber lag alles im Dunkel, als uns der Priester umherführte – nur ein einziger Raum war hell: die Klosterkirche hinter dem Kreuzgang. Diese Tür öffnete plötzlich unser Führer, ... wir standen inmitten des Glanzes.

Umsummt und umrauscht von den Gesängen alter Männer.

Und wir sahen zwei mit weißen, lang niederhängenden Bärten, Hundertjährige schier, die vorn am Altar vor den dick schwälenden Kerzen würdig, in innerster Ergriffenheit sich beugten, sich drehten ... und Maria, gebenedeite Mutter des Erlösers, mit gebrochener Stimme priesen aus tiefster Brust.

Machten dabei mit den Armen so wohlanständig-bescheidene, zugleich doch so innige Gebärden, dass man auf sie hätte zugehn mögen und sprechen:

»Mein lieber, kleiner, guter, ehrwürdiger betagter Vater, ich wünsche: dass du noch eine große letzte Seligkeit, eine himmlische Freude des Herzens erfahren mögest auf dieser Welt; und lass es dir sehr, sehr, aber sehr gut gehn die paar Jahre!«

(So wollte man sprechen.)

VII.

Als wir in Finsternis die Insel verließen, wendeten unsre Ruderer das schwarzbeschlagene Fahrzeug, da es schon ganz von melancholischen Schauern dieser weiten, trauervollen, unsterblich holden Wasserflut umhüllt war, noch einmal nach der Richtung der verlassenen Insel San Lazzaro.

Und jetzt leuchteten in rotem und dunkelviolettem Schein der Turm und die Luft über dem Klostergarten wie ein bescheiden-sehnsüchtiges Fanal.

Und wir wussten: jetzt schmausten dort den einfachen, vaterländischen Jubelschmaus die Greise und die Knaben eines zerschlagenen Volkes.

Ein Gruß ging hinüber durch die Finsternis.

Der neue Campanile

I.

Campanile! Campanile!
»Auferstanden!« (jubeln viele);
»Ruderscht du vor die Piazzetta,
Wirkt der Eindruck jetzt viel netta.«

II.

Prächtiger Platz, mit Bogen, Zacken,
Platz, auf dem die Tauben … hacken.

Weil man ihnen Erbsen streut.
   (Und sie hacken stets erneut).

III.

»Horch! Die Campanile-Glocken!«
   Pirna macht sich auf die Socken.
Herrlich an der Adria
   Liegt das Café Quadri! Ja!

Lehrerinnen, säck'sche Grazien,
   Sitzen vor den Procurazien – –
Wo das blonde Frauensbild
   »Ober! einen Wäääärmut!!« brüllt.

HESPERISCH

Der Fuhrmann am Gardasee

I.

Wir saßen, meine Mutter und ich, abends am dunklen Wasser, das bei Sternenschein an den Fels schlug. In Erquicken löste sich alles. Wenn ein Luftzug kam, war es wie Erinnerung an verdunstete Glut.

Wir tranken ruhsam den leichten und vollen Goldwein dieser Gegend. Der Glockenturm des dunklen Städtchens ragte drüben in die Luft; das erleuchtet altväterische Zifferblatt strahlte dahin über mild bestrahlte Nachtflut.

II.

Die Wirtin kam ins Freie; sie trat an unsren Tisch. Sie stellte sich nach den ersten italienischen Worten als Innsbruckerin heraus. Einundzwanzig Jahr alt, drei Jahre schon verheiratet; von der harmlosen Anmut österreichischer Frauen aus den Alpenstädten. Ihr zartes Mädchengesicht sah fromm unter herumgelegten Zöpfen in die Welt.

Sie guckte nach der Windlampe auf unsrem Tisch; begann hernach kindlich allerhand zu erzählen. Sie versicherte meiner Mutter, trotz aller Schönheit des Landes habe sie Verlangen, unaufhörlich, nach Innsbruck. Sie liebe die Italiener nicht – obwohl ihr Mann, alles was wahr ist, sie gut behandle. Sie wolle nicht klagen. G'sund seien sie auch alle zwei. Gott sei Dank.

III.

Dann erzählte sie Mordsgeschichten von der verstorbenen Mutter des Manns. Eine alte, eine richtige Italienerin! Ausg'standen habe sie von ihr. Die Alte besaß ein großes Gaschthaus, betrank sich jeden Abend, gab der Schwiegertochter nichts zu essen, und einmal hat sie die junge Frau vor zweihundert Gästen z'sammeng'schumpfen und ihr eine Watschen 'geben.

Nach dem Tode der Alten ging es besser. Trotzdem – Italiener!

Ihre einzige Freundin in dieser kleinen Stadt, aus der Lombardei stammende Bürgersfrau, hatte kürzlich Namenstag und sie zu einer Wagenpartie eingeladen. Auf der Partie aber ließ das Geburtstagskind in einem Wirtshaus das Teuerste, Beste vorfahren, ohne zahlen zu können; sie selbst, der Gascht, musste alles bezahlen. »Die G'schicht' hat mich über zehn Gulden gekoschtet«, sagte sie schmerzbewegt.

Das alles erzählte sie mit einem leisen, stillen Liebreiz und mit einem Anflug jener furchtbaren Dummheit, welche den Tirolern so häufig nachgerühmt wird.

IV.

Als ich, sechs Jahre früher, zum ersten Mal auf dem Gardasee fuhr, summten in der Luft selig die Liedworte »Kennst du das Land …?« in Beethovens Melodie.

Jetzt erneute sich der Zauber. Waschblau die Flut. Man schwört: wenn ich vom Fahrzeug die Hand ins

Wasser stecke, kommt sie waschblau heraus. Aber sie kommt weiß heraus.

(Das griechische Küstenmeer zwischen Patras und Korfu schäumt ebenso dunkelblau, nein, dunkler blau – und es hat, ha, noch salziges Wasser! Italien ist: Hellas für Unbemittelte. Taormina: Ersatz für die Akropolis. Wie der Königssee ein verbilligter Fjord ist.)

V.

Felsen steigen braun aus diesem italischen See. Man beugt sich zurück, auf ihre Höhe sehn zu können – weil da oben Kirchen, Häuser, Dörfer sind. Bloß eben hingekleckst, am Rand. Dass die ja nicht in den See fallen!

Wenn der Wind weht – wir fangen ein paar Kirchlein … als Mitbringsel, Mutterle!

VI.

Wo die Zitronen blühen, sind Marmorpfeiler am Felsgestad. Ganze Reihen. Schimmernde Pfeiler. Steigen amphitheatralisch und machen einen recht antiken Eindruck.

(Das dunkelgrüne Laub sticht von diesem Weiß ab; halb geduckt hängen mattgelbe Limonen; manche noch grünlich, aber von einem helleren Grün als die dichten Blätter.)

Gelbgrün runde Früchte schmiegen sich in einer dunkelgrünen Wirrnis, die Marmorpfeiler gleißen in der Sonne, blaue Wellen schlagen an den Strand. Es ist, wenn man es recht erwägt, im Grunde genommen ohne weitere Umschweife sozusagen blödsinnig hübsch.

VII.

In Gargnano verließen wir das Schifflein.

Die Sonne brennt. Wir steigen; diese Orte mit Orangen- und Zitronenwäldern liegen ja terrassig.

Ich kriege schreitend einen Kerl an, der mit verkniffenen Augen, faul und misstrauisch und schweigsam seinen Weg hinansteigt. Ob er uns in einen der großen ummauerten Zitronengärten führen könne.

Er lächelt, zieht einen Schlüssel aus der Tasche und nickt. Er ist der Gärtner von einem.

Nach fünf Minuten öffnet er in der alten Steinmauer ein altes Tor. Der Garten geht hinauf, hinauf, immer hinauf.

Alles glänzt von Marmorpfeilern, alles glüht von reifenden Früchten; von tiefen, brennenden Blätterfarben.

Der Mann lächelt; zeigt auf schlanke Stämme dort: im Geäst hängen Hunderte von Limonen. Krankgewordene Früchte liegen herum. Die Bäume sind empfindlich, müssen in der Gesundheit behütet werden.

Der Gärtner pflückt uns Früchte, von jeder Art, wie wir lustig sind: gelbe, grüne, zwitterfarbige, faustgroße, niedlich-kleine. (Pomeränzchen, gleich einer Kirsche.) Der Mann lässt uns die Wahl.

»Wollen Sie uns Früchte verkaufen?« – »Verkaufen? Nein! … Schenken? Ja!« Mit zwinkernder Anmut.

Er führt uns in den Olivengarten. Sagt nicht viel; nur zeitweilig, bei Stücken von unerhörter Fruchtbarkeit, dreht er sich triumphierend um; eine Handbewegung: als ob er der Urheber dieses Naturspiels wäre. Geht stolz weiter.

VIII.

. . . .

Auf den Oliven zirpen die Grillen. Am Ufer dieses blauen Felsensees ist hoch an den Stein eine waghalsige Fahrstraße gesprengt.

Da geht man spazieren in der Morgensonne, drunten liegt irgendwas Unwahrscheinliches.

Hier auf graugrünen Olivenbäumen zirpen millionenstimmig die Grillen. Sommerlicher Lebensruf, riesenhaft und lieblich.

(Den ganzen lieben langen Sommer tun diese vereinigten Zentral-Grillengenossenschaften nichts andres, als sich heiser zu singen … und aus voller Männerbrust die Schönheit zu rühmen. Ich müsste das auch.)

Oleander hoch wie eine Mauer.

Kakteen mit fetten, triefend langen Stachelblättern.

Myrte; gibt es nur halb so viel Jungfern in meinem Vaterland?

IX.

Auf der Steinbrüstung, an der Fahrstraße, turmhoch über dem blauen Traumgewässer, liegt eine halbmeterlange, fette, leuchtgrüne Eidechse, am Vormittag. Kitschig in einer Barke fährt ein Fischer vorbei, in seinem Bauerndialekt singt er eine langgezogene Melodie, so an den Felswänden emporhallt, die Eidechse hebt wahrhaftig den Kopf und horcht. Wie sie da so in der Sonne blinzelt, das wunderschöne gesunde Vieh –.

X.

… Herrlich, oben hoch im offenen Einspänner entlangzujagen, bis in den sinkenden Abend. Von Gargnano bis in die stille Bucht von Salò.

Herrlich, bei dämmerndem Morgen in solchen Wäglein etliche Meilen abermals zu durchfliegen. Durch Dörfer zu sausen, die am hohen Ufer hingelagert sind. In den See zu blicken. Mit der Hand nach etwelchem glühenden Gezweig zu haschen.

XI.

Den Hut schief auf dem Kopfe, sitzt nachmittags der Fuhrmann oder vetturino vor uns auf dem Bock. Knallt mit der Peitsche, raucht – in schiefem Winkel die endlos dünne Zigarre zwischen den Zähnen. Stramm sitzt er da.

Wenn ich nicht ein deutscher Schriftsteller wäre, welches von allen Berufen zweifellos der schönste ist, möcht' ich so ein Vetturin sein. Lebt in guter Luft, kennt den Weg, und bezweifelt nichts.

Sooft er mit uns in ein Dorf einfährt, rennen die Frauen und Mädel an die Fenster. Manche grüßen ihn wohlgefällig, ein Fuhrmannsberuf ist sehr was Schönes, eine wirft eine Handvoll Blumen herab, welche am linken Hinterschenkel des Rosses niedergleiten und überfahren werden. Der Vetturin lächelt. Knallt mit der Peitsche. »Via, via« ruft er, was auf Deutsch »Vorwärts« oder »hü« heißt.

Leser, ein Fuhrmann wie der möcht' ich sein. Und mitten in das Leuchtende wollt' ich rufen, vom Wind umweht, von Zweigen gestreift, von Augen gegrüßt:

Via! Via! Via! Via!

– –

(Wenn ich nicht Schriftsteller wäre!)

Die Schönheitsinseln

Mercede

I.

Ich wollte nach den Borromeischen Inseln reisen, die Jean Paul beschrieben hat. Ich steckte den »Titan« ein, so heißt das Buch, und fuhr nach Süden.

Jetzt haus' ich auf den Inseln der Schönheit. Bin heut Nacht der einzige Fremde hier. Die erste heißt Mutterinsel, die andere heißt Fischerinsel, die dritte heißt Schönheitsinsel. Die dritte bewohn' ich.

Alle drei waren ehemals nackte Felsen, aus der Flut starrend. Da ließ ein Graf Borromeo sie mit Erde bedecken, vor drittehalb Jahrhunderten. So entspross eine Blühnis.

Um mich strahlt es: mit hängenden Gärten, seltenen Düften, absonderlichen Blumen und einem Traumschlössle; leuchtend schwimmt alles im Frühlingssee; schlechthin Lago maggiore genannt.

II.

Tot bist Du, Carlo Borromeo. Auch Du, Vitaliano; und Dein Bruder Kardinal; ihr schlaft in rostender Stille.

Doch eure Inseln blühen fort; der Enkel besitzt sie, Graf Borromeo; gestern saß er beim Frühstück hier, mit seiner vierzehnjährigen Tochter. War von Mailand herübergekommen, wollte wohl Gewissheit, ob die Schönheitsinsel noch vorhanden. (Wär' ich der Besitzer, mir träumte manchmal, sie sei schweigend in den See gesunken, weil sie zu schön ist. Oder habe sich, als ein ausgemachtes Wundereiland, in die Lüfte gehoben – und sei davongeschwebt.)

III.

Davongeschwebt mit der dunklen Mauer, die aus der Flut steigt. Zypressen stehn daran, fünf Stock hoch; totenhaft, feierlich – Wächter des großen Südens; Ewigkeitsposten.

Aus dem Fels langen Agaven ins grünblaue Wasser. In Zitronengärten, in dicken Kamelienbüschen singen die Vögel. Und himmelsfern lugen Gipfel, vergletschert und furchtbar, hinab in die Seligkeit.

Das ist die Schönheitsinsel oder Isola bella.

IV.

Drei Tage bin ich nun hier. Nicht vierzig Familien wohnen auf der Insel. Die Häuser übereinandergeklebt. In hundert Sekunden wäre die Länge der Insel abzuschreiten – wenn der seltsame Bau nicht eben terrassenförmig in die Luft stiege.

Die Väter gehn auf den Fischfang. Die Töchter sitzen unter freiem Himmel; flicken Hemden, verkaufen geflochtene Kleinigkeiten, wenn ein Schiff anlegt.

Am Abend stehn sie mitsammen zwischen den Gärten an der Mauer; schwatzen, gucken über die Flut und singen.

Die Schönste heißt Mercede Varesi; achtzehneinhalb, großgewachsen, gebräunte Züge. Augen wie dunkler Stahl, mit langen Wimpern; und blondes Haar.

Sie schrieb ihren Namen mit eigner Hand in mein Tagebuch, eifrig und lächelnd: »Mer … ce … de Va … re … si.«

V.

Alle sträuben sich, die Insel zu verlassen. Eine der Töchter hat nach Arona geheiratet, einem reizenden Ort am südlichen Ufer. Die Schwestern sagen, dass sie es jeden Tag bedauert. Sie erklären ausdrücklich: nur auf dieser Insel sei es schön.

Die Venezianerinnen haben eine feine Melancholie – die Töchter von der Schönheitsinsel weben ganz in holder Zuversicht.

Die Familien trinken selbstgebauten Wein. Jede hat am Uferberg drüben ein paar Stöcke, hinreichend für den Verbrauch des ganzen Jahres.

Zwischen die Vogelnester ist ein Bethaus gekleckst. Auf den Bergen ruht Wunderglanz; Abendschein auf der Flut. Ein kleiner Priester trommelt eben die Kinder zusammen. Im Innern ein Leuchtfleck von der roten Lampe, sonst Finsternis. Und im Dunkel beginnt es zu summen: … gratia plena … benedicta tu in mulieribus … nunc in tenore morti nostri … ora pro nobis peccatoribus …

Im ganzen hat die Insel drei Kirchen. Die Zahl der Einwohner beträgt hundertsechzig.

VI.

Heute war ich wieder im Schloss. Es erscheint jedes Mal festlicher, mit seinen Marmortreppen, mit Mosaiksälen voll alter Kristalle, mit verlassenen Balustraden.

Es hat Fernblicke durch kühl schweigsame Gänge auf bläuliches Wasser, blauen Himmel – am Ende des Gangs steht ein Marmorbild zwischen der Dämmernis des Innern und dem leuchtenden Luftmeer.

Galerien, die über die Flut hängen. Geheimnisvolle Türen. Magische Seitengemächer, still beleuchtet. Ein unterirdisches Geschoss, stalaktitgewölbt.

Oben Prunkhallen; geschnitzte Herrlichkeit vergangener Jahrhunderte; Alabaster aus verschollener Zeit;

alt-edle Saiteninstrumente; Mauerkästen von dunklem Elfenbein. Andenken, verwitternde.

Seltsames Wappengetier; immer aufs Neue das Einhorn als das borromeische Sinnbild: ein stolzes Pferd, auf der Stirn das lange, einzige Stoßgeweih, damit es einen Löwen durchbohrt …

Kostbare Wandbehänge. Unter Gemälden fünfzig Naturstücke des Holländers Molyn, den man »Ritter Sturm« genannt hat oder Cavaliere Tempesta.

Bei einer Sünderin des Veronese mach' ich jedes Mal Halt. Auch vor dem nachgedunkelten Männerkopf eines Unbekannten.

Von den Wänden grüßt die Zeit. Aus den Möbeln wieder. Auf dem abseitigen Lager dort schlief die Königin von Britannien. Tut ihr kein Zahn mehr weh. Im himmlischen Himmelbett wälzte sich vor Marengo der Korse. Liegt mäuschenstill – im Invalidendom.

VII.

Es wachsen Märchenbäume draußen. In Höhen und Tiefen duftet es. Am schwersten, süßesten ein Geruch von goldgelb hohen Wolken blühender Mimosen; Bäume sind es, die über den See funkeln, mit niederfließendem Gezweig; jedes schlankfeine Blatt aus hundert schlankfeineren Blättchen gebildet; daneben strahlendselig gelbe Duftkugeln.

Es gibt Magnolien, haushoch. Kamelienstämme, wie ein Wunderregen vom Manzanillobaum, roten und weißen Überschwang verströmend.

Absonderliche Sträucher auch, wo die Blume mitten auf dem Blatt wächst; sie heißt ruscus. Dann Veilchen, sozusagen ausgelassen, haufenweis, nicht mehr im Verborgenen blühend. Sehnsüchtig betörender Duft von weißen Daphnebüschen. Schimmernde Gloria der rosa Pfirsichblüten. Lorbeerbäume, dreihundertjährig, weit und hoch wie Paläste.

Und das dunkle Meer von Myrten, gleich einer Flut gestaut unter den Orangengärten.

Indiens dämonische Grüße; der Osten ruft; die Tropen winken. In dieser Luft gedeiht der Teestrauch. Ein alter Blätterriese schickt Kampfergeruch wie tausend norddeutsche Kleiderschränke … Ha, auch die Aloe sprießt aus dem Höhlendämmer.

(Und eine wüst-gewaltige Libanonzeder, dieser Eichbaum der Semiten, gurgelt Psalmen zu Adonai.)

VIII.

Säulen auch hier; verborgene Gänge; verwittertes Gebild; schwebende Brüstungen; steinerne Ungeheuer; weiße Pfauen, jäh emporflatternd; tief umsponnene Wirrnis seltsam verschachtelter Terrassen, bald voll holden Mosaiks, bald brutal felsig und roh, rätselhafter sich versteigend, auf der letzten Höhe wieder das mystische Tier, das Einhorn – und alles schwimmt mit Duft und Vogelsang im See.

IX.

– –

Hätt'st Du es erblicken können, Jean Paul! Du hast es nur beschrieben; nie gesehn.

Wie der arme Schiller nicht in Wilhelm Teils Land gekommen ist: so trugen Dich allein die Fittiche Deines glühenden Herzens auf die Inseln der Borromeer.

Aus fernen Berichten träumtest Du Dir alles zusammen; (und so machst Du ein »Eichhorn« aus dem Einhorn. Was tut es!)

Feierklänge rauschen auf bei Deinem Namen. Großer unergründlicher Jean Paul, Herrlicher unter den Deutschen! Die Stunde für Deine Erkenntnis wird schlagen. Heut ist 1901. Mit ausgestrecktem Arm, den Blick in tiefem Glanze, stehst Du in der Welt, lächelnd und schmerzlich und sehnsuchtsvoll.

Die Sehnsucht schrieb Dein Buch, wie Deine Bücher alle.

Dein junger Albano fährt mit verbundenen Augen ins Jugendland – es »stellte Dian, ein Grieche von Geburt und ein Künstler, welcher Isola bella und Isola madre öfters umschifft und nachgezeichnet hatte, ihm diese Prachtkegel der Natur in feurigen Gemälden näher vor die Seele«. Sie fahren, bis die Lerchen sich in den Gesang der Ruderleute mengen. Dann kommt ein Augenblick, wo der Träumer oben steht auf der zehnten Terrasse und hinübersieht. Albanos umschleiertes Herz leuchtet auf, als »sich Fasanen von der Madre-Insel in die Wellen warfen«; (selbst ein trockner Begleiter huldigt diesem Anblick und zog ihn »einigen Tempestas im borromeischen Palaste bei weitem vor«.) Hier soll Albano Ruhe finden, unter den »Blüten des welschen Frühlings«. Und er wird ein gerechter Herrscher sein.

Du aber, Jean Paul, träumst: »Ich wüsste einem Menschen, den ich lieb habe, nichts Schöneres zu wünschen, als eine Mutter, eine Schwester, drei Jahre Beisammenleben auf Isola bella, und dann im zwanzigsten eine Morgenstunde, wo er auf dem Eden-Eiland aussteigt und alles dieses mit dem Auge und der Erinnerung auf einmal genießend umfängt.«

X.

. . . .

Während ich schreibe, steht das Fenster offen. Die Erde dampft vom Regen.

Am Spätnachmittag fuhr ich wieder nach der Mutterinsel und kam vor einer Stunde zurück. Sie ruht paradiesisch, im Schlafe der Verlassenheit. Nur vier Gärtner bewohnen sie heut.

Das Fenster steht offen. Neben mir duften die paar Zweige, die ich mitgebracht. Der schönste hat sich über den »Titan« gelegt.

Roma

I.

Während ich auf dem Mittelmeer (unter Verwendung eines kroatischen Fahrzeugs) zwischen der Vesuvstadt und dem französischen Ort Marseille woge, schwanke, gleite, schwebe, wackle, fliege, will ich das Gedenken feiern an Gegessenes. Schllllff!

Vorher das Gedenken eines merkwürdigen Augenblicks. Ich fuhr in einem kleinen Wagen durch Rom, sah das Getümmel, rollte hinauf und in die Tiefen; erwog, dass ich dies alles neun volle Jahre nicht gesehn … und erblickte plötzlich einen Straßennamen, der sich mir ins Herz grub.

Er war: Via della consolazione; auf Deutsch: Gasse des Trostes … Mancher wird lachen und nicht wissen, was man daran finden kann. Aber manche werden es trotzdem wissen. Im Jagen durch die Welt sieht man irgendwo, jählings, an einer Ecke, den Beginn eines verborgenen Pfads – daran geschrieben steht: Gasse des Trostes.

(Noch brauch' ich dich nicht; bleib, wo du liegst – schnarch im Dunkel!)

Kutscher, vorwärts!

II.

Was nun dies in Rom Gegessene betrifft: so kam es nach einer liebhaberisch zerkochten Artischocke. Es trug sich an einem festlich einsamen kleinen Tisch einer schmucklosen, mit Kennern rechnenden Kneipe zu. Die Räume sind keine Hallen; bloß ein paar abendliche Zimmer … mit weißgedeckt verborgenen Tischen wie aus entschwebter Zeit. Jedes Gericht besonders fertig gemacht, es gibt gewiss keine Riesenkessel, aus denen alles mit der Kelle geholt wird … Nach einer Artischocke, salsa bianca, (der schwierige Punkt bei einer Artischocke bleibt, sie meisterhaft zu zerkochen) kam das Beste.

III.

Es war ein gâteau all' arancia – somit ein Pomeranzenkuchen. Orangenhaut war verwendet, nicht etwa zu einem Mus flüssig gemacht: sondern Folgendes begab sich. Ein süß zerrinnender Teig war übergossen mit ihr, die zu einem ganz scharfen, beißend durstig machenden Strom gewandelt war … und oben drin steckten höllenschwarze Kirschen; derart, dass all dies Wesen in einem scharfen Duft von unbeschreiblicher Kraft zum Himmel stieg.

Ich aß, weil ich morgen abreisen wollte, des Vorrats wegen drei Stück.

IV.

Wandelte dann durch die Straßen; mein Odem zerschnitt Steine. Bei jedem Wort entglitt eine Baumschule von Pomeranzen, auf den Umfang eines Fingerhutes zusammengedrängt – und im Traum dieser Nacht hielt ich meinen Leib für Johann Maria Farina, gegenüber dem Jülichsplatz.

Schllllllff …!

V.

Was mir von unwichtigeren Dingen aufsteigt, ist Folgendes. Alle diese romanischen Völker, alle diese Menschen, die man hier trifft, die Einzelnen wie die Herde, scheinen zu murmeln: ich verschnaufe.

Die Altvorderen haben viel getan. Die Enkel klimmen ins Altenteil. Die Nordvölker (lange nicht so angenehm sind sie) machen das Rennen. Willen haben die Nordvölker noch, die Südvölker wenig. Die Franzosen stehen köstlich in der Mitte, sind scharf, imperatorisch, wallungsvoll – doch jeder ist so selbständigklug, dass er zu Taten im Glied, im Schwarm, von den Antreibern kaum noch verwendbar wird; sie lassen sich als Kanonenfutter nicht gern brauchen. Hier sind keine Gehorsamsmenschen mehr: weil sich alle zu urteilen gewöhnt haben.

(Die Todesbereitschaft fehlt, wo die Kritik erblüht ist; ecco.)

Es wird das Schicksal dieser Lateinvölker sein, eines Tags aufgekauft zu werden. Ihr Käufer wird angelsächsisches Blut haben; mag er diesseits des Wassers, mag er jenseits wohnen. Die Angelgermanen besuchen und lieben dieses Land: bevor sie es enteignen.

VI.

Oder wird es von der Slawenschaft überklettert? erstickt in einem wilden Miau? Der Serbe kommt. Ich sehe das …

In die Mark der Adlig-Matten
    (Die verfeinte Fasern hatten,
Hohes Blut und edle Knochen)
    Sind die Katzen eingebrochen.

Johlen, jubeln, jaulen, juchzen,
    Schwingen Schwänze, schlenkern, schluchzen,
Kreischen Sieg und trommeln Krach,
    Sitzen selig auf dem Dach.

Auf dem Dachfirst, welch ein Sums,
    Quarren, Mauzen, Schweifgebums;
Durch den Welt-Sarmatengau
    Singt es satt und süß: Miau!

Der Serbe kommt. Leb wohl, Italien … (Was haben die Römer davon gehabt, dass sie Römer waren?)

VII.

Ich forsche hier, wo das Herz Hesperiens lag. Mich dünkt, am Palatin von Rom. Von dort sah man zu den Sabinerbergen; über das Forum … Kern der Frucht!

Man stelle sich auf den Palatin … und stelle sich auf die Akropolis: so hat man den Unterschied zwischen einem Stamm von nüchtern-feurigen Eroberern und einem Stamm salzvoller Frühkünstler. Vom Palatin erblickt man: die nette, nicht ins Unendliche schweifende Landschaft. Von der Akropolis erblickt man: selige See mit seligen Inseln, seligen Buchten; Wunderland in Morgenfrische.

Vor den Sabinerbergen wuchs das Kolonialvolk; vor den kykladischen Inseln ein Geistervolk, das heute noch lebt – das nach dem Sterben wie ein Ariel heiter durch die Welt zieht, … während die Römer wirklich mausetot sind.

VIII.

Die Sabinerberge sind erblasst vor einem verfallenen Ding mit Rosen und Kaskaden.

An den Kaskaden sah ich drei Mädels Wäsche waschen. In allen Ländern locken mich waschende Frauen. Lebenslänglich sollte man sie schildern … wie jemand bloß ein Kuhmaler ist.

IX.

Nachher legten sie die Wäsche schier auf ein Brett, bedeckten das Haupt mit einem zusammengeringelten Wäschestück, luden hierdrauf das Brett und wandelten so, die Arme in die Hüften gestemmt, aufrecht und vorsichtig, die verfallene Treppe hinan, die von den Springteichen hochführt. Und ich sah, dass sie zugleich voll und schlank waren. Zugleich wundersam schwerwandelnd. Dabei sehr schwarz. Ein Rabe glänzt, … sie jedoch waren trocken-schwarz; verbrannt-schwarz. Die eine zählte siebzehn Jahre, war aber die vollste, zugleich schlankste – und die nachtschwärzeste. Und schritt wie ein Reitersmann. Und wendete sich, wo der Treppenweg die Biegung macht, noch einmal um … und lachte noch einmal.

X.

Dies insgesamt war mir nicht unwillkommen.

Ich warf den Blick auf die Berge … (von denen einstens die Römer sich ihr Hauskreuz holten, raubten, wegschleppten – wär ich damals auf der Welt gewesen, ich hätte die Siebzehnjährige gepackt).

Teutones in pace

I.

Es ist 1899. Herr Pecci, der Papst, liegt im Sterben. Abermals meldet sich die besondere Magie jener Stätte, wo der alte Mann, glaubensstark von Berufs wegen, im Bett ringt … und durchaus nicht ins Paradies kommen will. Er will halt nicht.

II.

Seitlich von der Peterskirche erhebt sich was – zwischen Gelb und Braun und Rötlich schwankend; mit vielen Fenstern; fast zurückgezogen und versteckt, ja man könnte sagen: auf der Lauer liegend. Das ist der Vatikan.

Geistigste Festung; ohne jedes Abzeichen des Kriegs.

Die schweigsamen Fenster schielen vor, wenn man der Grabstätte des Petrus, über die Michelangelo seine Kuppel wölbte, mit aufgerissenen, zugleich enttäuschten Augen naht.

Über dieser ganzen Stadt liegt Blutdunst. Die Römer und die Päpste haben hier gehaust, hintereinander zwei Jahrtausende. Die Römer: die Bluthunde. Die Päpste: die Blutkater. Golgatha, Golgatha!

Am Morgen sieht man erschüttert den Gigantenbau,

wo Rom die Christen losgelassenen Bestien vorwarf zum Vergnügen der Einwohner; und am Abend (am ersten Abend, den ein Deutscher in Rom verbringt) sitzt man draußen auf den Stufen des Vatikans; hinter diesen Mauern wohnt ja die zweite Macht; welche das alte Raubtier Rom beerbt; von hier wird – nein, wurde die Welt regiert.

Der Unkriegerische umzaubert von hier die Gemüter, bis nach Australien.

III.

Auf den Stufen des Vatikans sitzt man mit zusammengeschnürter Kehle; halb in Verzweiflung über das Nutzlose des weiten Menschheitsgeschicks – obschon dieses Papsttum einen Fortschritt bedeutet wider die Völkerwanderungsbestien.

Man stürzt los und lässt sich, wie zur Befreiung vom Seelenkrampf, durch zwei flinke Rösslein wegführen aus diesem scheintoten Stadtteil mit verschlafenen Säulen; springt hernach aus dem Wagen auf einen abendlichen, einen stürmisch belebten Platz, wo vor den Cafés heutige Menschen wimmeln und Zeitungshändler brüllen.

Der eine schreit: »L'Avanti! l'Avanti! l'Avanti!« Das ist sozialistisch. Man stürzt auf ihn los. Grade dies Blatt muss es sein – in diesem Augenblick. Erlösung!

(Und wenn man's überflogen hat; wenn das Herz von dem unsäglichen Sturm der niederschmetternden, einzigen Stadt nur ein wenig zur Ruhe kam, dann drängt sich gleich die notwendige Frage auf: und die nächste Macht? Wann beginnt sie? Auch diese Weltmacht war die letzte nicht.)

IV.

Der Canossagänger Heinrich fraß den Groll hinunter; hoffte Rache von der Zukunft Deutschlands. Bismarck? Schon frohlockte Preußen. (Die evangelischen Superintendenten und Konsistorialräte – die nicht Priester, sondern Beamte sind; Gottbürokraten.)

Doch der derbe Emporkömmling mit dem Slawenhaupt konnte gegen eingesessene Jahrtausendmacht nicht an. Focht mit einem überlegenen Gespenst. Hieb in die Luft – Bismarck zog mit Beulen ab.

V.

Diese Macht kann nicht durch einen Mann gestürzt: sie kann bloß durch eine Bewegung abgelöst werden.

Ablösung und Auflösung.

Am Organisiergeschick der römischen Kirche hat noch niemand gezweifelt; man soll sie organisieren lassen; zum Schluss nimmt man ihr die Sorge mit einem kräftigen Händedruck des Dankes ab …

Die Italiener blicken auf diesem Feld weiter als wir. Der Pfaffe Don Albertario, der mit Aufrührern sozialistischen und anarchistischen Bekenntnisses jetzt, 1899, im Zuchthause sitzt; der mit letztem Fanatismus freiheitlicher Gesinnung, als ein unerschlaffter Kämpfer, für Volksrecht eintrat: der war ein Kleriker. Generale packten ihn. Schleppten ihn zum Verließ. Waffenträger sind es, so auch die andren vergewaltigt haben.

Immer ruhig organisieren lassen – und dann den Händedruck.

VI.

Nun die Päpste keine Blutkater mehr sind, schreitet der Ketzerich mit stillen Gefühlen, stiller am Vormittag als am Abend, an jener verborgenen Fensterfront entlang, wo der alte Pecci gebettet liegt und sich gegen das Paradies rasend sträubt.

VII.

Man ist jenem hysterischen Schwindel fern, den katholisierende Snobs versuchen: aber den seelischen Wirkungen dieser leise besänftigenden Welt entgeht niemand.

Wer durch das Tor schreitet, erblickt zum Überfluss einen kleinen Kirchhof zur Linken, und über der Pforte steht in schweigenden Lettern: »Teutones in pace«.

Sehr seltsam, dieses Teutones in pace. Man sieht die paar Gräber der Deutschen, die hier »in Frieden« schlummern. Ein paar deutsche junge Kleriker (vielleicht sind sie aus Ingolstadt? vielleicht sind sie aus Neisse?) – gehn still vorüber, lächelnd, von der Vormittagssonne beschienen, das blonde, kurzgeschorene Haar von keinem Hut bedeckt; sie sind hier beheimatet.

Sehn aus jungen, wachleuchtenden Augen im Vorbeischreiten nach der versteckten Fensterfront, vor der sich die Kuppel kolossalisch reckt; mit den Fingern streifen sie spielend an dem kleinen Gitter lang, über welchem geschrieben steht:

Teutones in pace.

VIII.

Ja, es ist ein Zauberort. Sturmgefriedet lauscht ein Winkel der Welt: die scheintote Sonderstadt, in deren Lüften das Wunder webt. Der alte Herr mit der spitzen Nase, dem spitzen Kinn ruht in seinen Betten. Die Kardinäle sind schon an der Arbeit. Lautlose Arbeit; verborgen; scheintot.

Der Nachfolger wird weiter organisieren, wie der Vorgänger.

Und eines Tages schlägt die Uhr, und der Oberpriester sieht, wie groß die Bewegung geworden ist; wie die Soldateska immerhin die geringsten Aussichten hat.

Und er treibt in den Arm der neuen Macht, welche Millionen für sich hegt, die fünfzig Millionen und die hundert Millionen.

Die Götterdämmerung bricht an. Und es heißt:

Homines in pace.

IX.

(Genau so kommt es. Oder so ähnlich zum allermindesten.)

Florentinischer Juli

I.

Wozu es verheimlichen, Leser, dass ich tagsüber, seit ich in Florenz bin, ohne Bekleidung herumlaufe. Oder herumliege.

Höchstens, dass man zum Frühstück ein bissel zu Bonciani geht; immer im Häuserschatten, katzenheimlich an der Wand entlang. Dort isst man zwei Pfund Maccaroni mit Tomatensaft und Parmesan; dahinter drei Scheiben kaltes Roastbeef; dahinter eine Süßigkeit; beträuft alles mit einem halben Liter Chianti vecchio (bianco). Schllllff!

Und wenn die elfte Vormittagsstunde dahin ist, sitzt man abermals im kühl verdunkelten Zimmer, entkleidet.

Gegen Abend geht man aus; in der Dunkelheit nimmt man die Hauptmahlzeit.

Wenn die Mitternacht näher zieht, löffeln alle Florentiner aus Weingläsern Limonen-Eis; manche Tamarinden-Eis; manche den blutroten Eistrank Grenatino. Dies die wichtigsten Angaben über die Kunstdenkmäler der Stadt.

II.

Ich will arbeiten. Ich will schreiben.

Eine Ahnung steigt mir auf, verblüffend: dass dieses Schreiben allzu lang nicht werden wird. Es ist ein Glaube, ja eine Gewissheit … als ob in der Ecke des dämmerig verdunkelten Zimmers ein Engel stände, der zu mir spricht: »Über ein Kleines, so wirst du aufhören zu schreiben.« Kriegt er Recht? Es ist aber ein Botticelli'scher Engel, wohl aus den Uffizien durch die Sonnenglut herübergeschwebt, und seine stillen, schönen nackten Füße stehn lieblich auf dem kühlen Fußboden. Er könnte mit den Flügeln einen sehr hübsch fächeln. Und seine Prophezeiungen sind so angenehm.

III.

In der Ecke, wo der Engel gestanden hat, summen allerhand zanzare, welche man auch gewissermaßensozusagen Mücken benennen könnte.

Die Fensterläden sind zu, der eine lässt ein bisschen durchgucken. Unten in der Sonne rollen kleine Wagen mit vorgespannt munteren Eselein dahin. (Dass die Tiere nicht blödsinnig werden vor Hitze, bringt mich in Erstaunen. Auf den Kopf hat man freilich ihnen sehr liebenswerte Hauben gesetzt, aus weißer Leinwand, und mit Häkeleien durchbrochen … Auch die florentinischen Omnibuspferdchen tragen weiße Hauben, weiter hinten eine Art Jäckchen, bei den größeren ist das schon eine Nachtjacke; sehn aus wie Beamtenfrauen in der Morgenstunde.)

Das alles schau' ich aus meiner Wohnung.

IV.

Mit Wohnungen hab' ich großes Glück. Die jetzige liegt an dem Fluss Arno; schrägüber von der steinernen Burg des Signoriapalastes; in welchem die Medici das große Wort führten; und von den Uffizien.

Unten am Haus ist, nach dem Wasser zu, ein kleiner Garten: in welchem abends etwa hundert Leuchtkäfer schwelgen. Diese grünschimmernden Lümmels treiben einen beispiellos ausgelassenen Unfug mit nächtlichem Herumgeflieg' in Ölbäumen und Weinspalieren; und wenn man so gegen zwölf hinunterguckt, wird man geblendet, wie sich die Kerls balgen und küssen und auftauchen und schwinden.

Ich sehe – jenseits des Gärtchens, jenseits des Flusses, jenseits der florentinischen Türme – durch diesen Fensterladenspalt auf Zypressenhöhen, auf Olivenhaine der Talwand. Die Höhen, von denen Florenz umgeben ist, sind das Lieblichste der Stadt. Denn im Innern ist sie wenig reizvoll. Oh, lange nicht so schön, wie ihr Name klingt. Schlagt mich tot. Die Wahrheit muss herfür – sagt Ulrich Hutten.

Ich hatte mir Phantastisches gedacht … und fand einen geräuschvoll geschäftereichen Ort. (Nach Venedig ist es schwer, hier zu leben.) Glaubet mir, liebe Freunde: es gibt auch einen Italien-Schwindel. Es wird übertrieben! Was ein andrer sieht, seh' ich auch. Aber nach den Schilderungen deutscher Italienfahrer hatte man sich unter Florenz (immer die innere Stadt ins Auge gefasst, denn die Landschaft der äußeren ist entzückend) einen Böcklin'schen Platz vorgestellt. Ich dachte mir was Schattig-Schönes. Was Dunkelgrün-Steinernes mit zarten Rosen – ja das war es: dunkelgrünes Gestein mit Blumen, mit Schatten, mit Brunnenstille.

Die Wirklichkeit bringt mir den verdammten Vergleich mit Dresden. Er ist schon so oft gemacht worden. Aber trotzdem wahr. Hol's der Teufel! Fast eine Woche braucht' ich, den Gedanken loszuwerden.

Ob der Florentiner sächselt?

V.

Ich habe mir Erdbeer-Eis holen lassen. Ein großer Weinkelch voll. Erfrischt sehr. Ich schreibe jetzt was ins Tagebuch über die neuesten Reden Wilhelms des Zweiten. Er hat zu den Schauspielern beim Regierungsjubiläum gesprochen; müssen überrascht gewesen sein. Sie erfahren, dass sie, die schlechten Histrionen des Berliner Schauspielhauses, bedeutsam genug sind, beim Selbstrückblick auf ein zehnjähriges (ungemein rastloses) Wirken und Schaffen als die am herzlichsten ausgezeichnete Kunstkraft gerühmt zu werden. Mit doppelter Freudigkeit bringen sie künftig die vom kaiserlichen Herrn bevorzugten Dichter, sei es Hebbel, sei es Lauff, zu Ehren. Was aber den Naturalismus anlangt, wogegen der Jubilar was hat, so ist der beim Hebbel doch auch zu finden. Ja, viele behaupten, dass naturalistische Dramendichtung zum großen Teil auf jenem erbarmungslosen Seelenfeststeller aufgebaut ist. Wilhelm verschmäht (und schmäht) sie. Der Kaiser hat nachweislich naturalistische Dramen auf einer Bühne niemals gesehn. Da er ein Urteil über sie fällt, hat er also …

VI.

Donnerwetter, da steht der Engel abermals. (Ich hab' ihn schon erwartet.) Er gibt mir ein Zeichen. Er selber wischt sich mit der Rückseite der linken Hand den Schweiß von der Stirn, fächelt sich mit einem sanften Schnupftuch ein bisschen und schaut genäschig auf meinen Rest Erdbeer-Eis.

Keinen Strich mehr, sag' ich – höchstens noch einen leidlichen Schlusssatz anstandshalber.

Ich begieße mich jetzt, noch einmal, mit Wasser von Kopf zu Fuß; ziehe mich langsam, sorgfältig, recht leicht an; wanke dann zum Abendessen.

VII.

Bis Mitternacht schlürf' ich noch Limonen-Eis; nach der Heimkehr steck' ich den Kopf aus dem Fenster und beobachte die Leuchtkäferiche.

Sie Botticelli, schauen Sie, dass Sie in die Uffizien kommen.

Padua

I.

Bist du nicht auch in Padua gewesen? ja; es war 1898. Tagebuch her.

Es war ein Nachmittag; und ein Abend, an dem wir den heiligen Antonius besuchten und seine prachtreiche Kirche – und wie viel Donatellos erblickten wir nicht an diesem Abend … der Kerl von Küster musste, weil es dunkel ward, einen Wachsfaden anstecken, leuchtete mit dieser Funzel hinauf, immer hinauf an die goldigen

Donatellos … und wir krochen durch sämtliche Heiligtümer … und bestaunten Altarsimse …

II.

Draußen stand das wundersame Reitergebild; und wir kauften einen hölzernen Antonius in einer Bude dicht nebenbei … War schwarzlackiert, der Heiligenschein gelb und abnehmbar, durch eine Holzspitze in den Hinterkopf einzustecken … auch das Christkind, das er im Arm trug, blieb abnehmbar … (und alles steht heutigen Tags bei mir, nebst andren Heiligen des Südens, welcher meine Heimat ist) …

III.

Und am nächsten Vormittag in Padua erfuhren wir aus dem Reisebuch, nachdem wir auf dem harten Lager eines Weinschenkenwirts von Flöhen erstochen worden, dass es noch herrliche Fresken von Giotto zu sehn gibt … und wir sprachen: o weh, es gibt hier noch herrliche Fresken von Giotto! (Denn unser Sinn war auf die Welt, auf die Luft, auf die Straße gerichtet.)

IV.

Sie befanden sich aber in einem Garten – der Garten zog uns mit seinem Gestrüpp und seinen Bäumen mehr an als die Fresken, an diesem Vormittag. Und wir warfen dennoch einen Blick auf sie – und zogen von hinnen, indem wir sprachen: jetzt sind wir die Fresken los, dem Himmel Dank, möge Giotto glücklich werden!

Und gingen, atmend, durch den hellen Vormittag, und dachten: »Königin! o Gott, das Leben ist doch schön!«

V.

(So Padua.)

Vorhof Liguriens

Zwischenspiel: Genf

I.

Dezemberausgang. Werden diese Zeilen die letzten sein? Nicht des Jahres, sondern meines Lebens? … Mir ist so zu Mute. Nach Mutters Tod. Krank. Herunter.

Der Arzt hat mich weggeschickt; Arbeit untersagt.

Ich blicke still über den Genfer See – der »Anblick gibt den Engeln Stärke«. Will zu schreiben versuchen. Wenn es nicht geht, hör' ich auf … Wie bin ich hergekommen? Graues Regenwetter. Ich darf nicht ausgehn; sitze nur schläfrig im Balkonzimmer.

Trotz dem Regen, der seit zwei Tagen fließt, ahnt man die ganze leuchtend-sachte Herrlichkeit dieses Seegebildes, das sich mit altem Grün, mit Lichtgrün, mit Gelbgrün, mit Schwarzgrün, mit Holzhäuselchen, mit getürmten kyklopischen Gletscherwildheiten und mit einer schimmernden Flutfläche dort unten, dort drüben breitet.

II.

Das Haus steht hart am Wasser; nicht bloß der beste Gasthof Genfs; sondern einer der liebsten und sozusagen seligsten, die mir auf meinen Kreuzfahrten über die Erde zu Gesicht gekommen sind …

Immerhin; ich möchte selbst in diesem wundermilden Haus nicht sterben – obschon alle Bequemlichkeit vorhanden ist. Im Zimmer, mit hellen, seidenhaltigen Tapeten, steht ein blauseidenes Bett, von dem ich noch über den See gucken kann, wenn das Auge schon bricht – und im Badezimmer nebenan, wo Erfindungen zwischen edlen Zauberkacheln auf einen Druck losgehn, könnte man gut meinen Leichnam waschen; würde dabei noch die letzte Lust fühlen.

III.

Wollte sagen, wie ich hergekommen bin. Es ist ganz drollig, die Christnacht im Schlafwagenzug zu verbringen.

Während meine Lokomotive durch Deutschland saust, sieht man durch die beschlagenen Fenster Tannenbäume brennen. Es hat manches für sich. Schon hinter Thüringen brannten sie. Am Main brannten sie noch immer. Bis man das Licht ausknipst, die Vorhänge herablässt, schlafen geht. (In Basel wird man wieder ins Leben gerufen. Müde dämmert man hernach weiter; mittags ist man in Lausanne.)

IV.

Lausanne, wie herrlich war dieser Name, bevor man den Ort kannte. So geht es einem.

Ein bestimmtes Bild macht man sich; mit allen Farben seines Tuschkastens tuscht man es – und wenn man hinkommt …! Aber nein; doch nicht bloß Enttäuschung; sondern irgendein bestimmter Punkt ist hinterdrein schöner, als man ihn gedacht.

Lausanne hat sehr bergige Straßen. Ich fuhr empor. Der Wagen hielt – schon außerhalb der Stadt. Ich wollte fast ärgerlich sein und meinen Fluch über Lausanne murmeln; da sah ich drüben etwas Unglaubliches, noch stärker als ich es geträumt: Bergzacken, Schründe, Gletscherwände, Schneefelder leuchtend an einem blauen Wasser. –

Obgleich man die Sache von Schokoladepaketen kennt, sieht es in Wirklichkeit großartiger aus.

Und ein seltsamer Duft kommt hinzu. Sechshundert Meter hoch, im Winter, riecht es hier nach allerhand heilsamen Kräutern, betäubend, erfrischend. Es ist vom Schicksal, dacht' ich, nett, dass es mich vor dem vielleicht nahen Verlassen der Erdkugel das noch riechen lässt.

V.

Dann wankt' ich hinab zum Universitätsplatz, stieg von dort allerhand Stufen (darunter köstlich-alte von Holz) zum Dom aufwärts. Ich glaube, dass Rudolf von Habsburg die Einweihung vorgenommen und den Baukünstler mit dem Roten Adlerorden ausgezeichnet hat.

Aber ich ließ den Dom auf sich beruhen und stellte mich auf die Plattform davor. Hier bot sich ein verwandtes Schauspiel wie oben – Chocolat Suchard.

VI.

Ich schreibe das hier spaßend hin, aber in Wirklichkeit war man wie vom Donner gerührt. Gewiss, der Pic von Tenerifa, der auf einer holden kanarischen Insel mit seinem Eiskrater in den halbtropischen Blausüdhimmel glotzt, hat mich innerlich stärker umgewälzt – weil man zugleich wusste: das ist der größte Vulkan dieser Erde, und er steigt (gewissermaßen durch die Insel hindurch) vom Meeresboden auf. Der Pic von Tenerifa hat mich nachdenklicher gestimmt; diese Gletscher jedoch waren erfrischend und unvorhergesehn.

In solcher festen Überzeugung eilt' ich auf den Bahnhof, um Lausanne schleunigst zu verlassen.

VII.

– –

Als ich in Genf ankam, fiel mir ein, dass heute mein Geburtstag war. Denn meine verstorbene, liebe Mutter hat mich in derselben Nacht geboren, die von etlichen hundert Millionen Menschen gefeiert wird. Ich hatte das zum ersten Mal vergessen. Der Regen rann.

Es gab eine öde Fahrt in jenen Gasthof. Dann, auf dem Söller, den eine Rampe deckt, sah ich von diesem feinen schweigsamen Haus hinüber zu den Gletschern jenseits der graublaugrünen edlen Flut. »Mon lac est le premier«, soll Voltaire vom Genfer See gerufen haben (es steht auf meinem Fahrplan).

Niemand kann ihm das verdenken.

VIII.

Und obschon alles eintönig wurde durch graues Plätschern; obschon alles versank in der traurigen Stummheit dieses Tags; obschon in der schleirigen Luft wenig zu sehn war: so fühlte man dennoch den stillen Glanz, das sachte Leuchten der Stadt. (Man hat sie kaum kennengelernt – und weiß, wie man sie liebt) …

IX.

Und am Abend, als ich von meinen verzaubert stillen, schönen Zimmern hinunterging in den Essraum, wo eine Handvoll Amerikanerinnen (mit aufgeräumtbanausischen Gatten) tolle Perlen; wo russische Damen unglaubliche Steine still über der gepuderten Brust trugen; wo Patrizier von Genf speisten (eine Exilstimmung umwob alles, denn die frohen Tage von Genf sind im Herbst und im Frühling, jetzt ist, Gott sei Dank, seine tote Zeit) – da stand mitten auf dem Spiegelparkett eine Tanne mit Lichtern, und ihre Nadeln rochen nach den Bergen, wenn sie von der Flamme zwischendurch etwas angeröstet wurden.

X.

Die Köche hatten nicht geknausert: es gab nur feiste Leckerbissen; wie viel von Edelpilzmus, Trüffeln, Gänselebern jedem Gang beigefügt ward, steht nicht fest. Ich fand es gut vom Schicksal, dass es noch eine Geburtstagsüberraschung hatte. »Dieses Mahl«, dacht' ich, »wird das letzte meines Lebens sein – aber es war auch das beste meines Lebens.«

… Ich höre zu schreiben auf. Der See hat sich umdunkelt. Ich konnte noch keinen Fuß heut über die Schwelle des schweigsamen Hauses am Wasser setzen. Undurchdringlicher Abend ist von den Gletschern gestiegen; breitet sich fast zärtlich über den See.

Der winzige Leuchtturm sprüht Schein über die Flut. Lichter jenseits, diesseits, tief und hoch, strahlen. Ein Schiff mit grünen Flammen eilt zur Stadt.

Genf, ich liebe dich.

XI.

Von hier kommt man in einem Nachmittag ans Mittelmeer?

Morgen bin ich dort.

Ligurien

I.

Das Schiff tanzt ein bisschen. Zwar kann ich Marokko nicht mehr sehn, aber ich fühle seinen Hauch – wenn abends in aller Windbewegtheit, die jedes Wesen torkeln lässt, etwas Warmes über die hohen Wogen zieht; ein Lüftchen, das in der Wüste gewachsen ist …

Ich kam hierher von der Schwelgerküste: Riviera genannt. Stieg dann in Genua auf ein italienisches Fahrzeug (das nach Südamerika will); werde morgen auf den Kanarischen Inseln aussteigen – dann wieder nordwärts ziehn. (Jedem Freunde meiner Schriften bring' ich einen Kanarienvogel mit.)

II.

In Genua wurde mir klar, dass alles Italienische der Örtlichkeit, für die F. Schiller vergebens durch seinen »Fiesco« Reklame zu machen versucht hat, mehr und mehr schwindet; und was allein über diese Ländereien hinschallt, ist der Ruf: »Herr Ober!«

III.

Ich war erstaunt, am ersten Abend nichts in der Stadt des verstorbenen Lavagna zu hören als: »Herr Ober!« … »Herr Ober!«

Als ich den Ruf in Ligurien vernahm, war ich trotzdem froh, mein Nachtmahl in dem prunklos weißen Raum eines einfach ausgestatteten, bloß mit weißen Tischtüchern festlich gestimmten Speisehauses (mit guter Ölküche) zu schlucken – ich ziehe halt diese Form des Essens dem Aufenthalt in einer Gralsburg mit protzigem Bratenduft vor.

Das Schiff steigt und fällt. Drei Gläser und eine Karaffe sind nebenan vom Tisch gefallen. Mir tut es nichts; bin seefest; (der Commandante hat mich gestern, als alle untreu wurden, einen vecchio marinaio genannt: einen alten Seefahrer. Hat Recht.)

IV.

In Ligurien liegt Montecarlo. Das erinnert mich sehr an Bayreuth.

Zwei Wallfahrtspunkte der Menschheit – aus allen Ländern. Bloß nach diesen zwei Ortschaften strömen sie so von überallher … und bleiben einige Tage nur, um völlig gesammelt den mit dem Orte verbundenen Zweck zu erfüllen. Oben auf einem Hügel in dem einen Fall. Auf einem ins blaue Meer springenden Fels im andren Fall. Das eine Mal ist es der Festspielhügel; das andre Mal schlicht der Spielhügel.

Jedenfalls kippt nun das hesperische Schiff so auf die Seite, dass ich beinah über den Tisch wie über den Kopf eines Pferds zu fliegen drohe.

V.

Schön waren sie, diese wundersam strahlenden Farbenbeete, Balustraden, Spiegelsäle, Huren. Auch Spießer aus Preußenland. Bin, obschon ich verloren habe, für Erhaltung dieses Orts; zu seinem Zweck. Irgendwo in der Welt muss es einen Punkt geben, wo bürgerliche Führung zeitweis aufhört … O Marmorvestibül der Gaunerburg, wo man sich bei erlesenem Duft für den Entscheidungskampf rüstet. Manchem ist um zehn so zumut, wie dem Torero, bevor er in den Stierzirkus tritt. O Gaunerburg.

Eine Oberstleutnantstochter; blickt in Potsdam wie

eine Madonna drein – doch hier, hinter der Mama, hängen ihre Augen wie an zwei Schnüren bis auf das grüne Tuch; an den Backen rote Flecke, zwischen Ohr und Hals … Die Stammgäste zucken sämtlich.

O Gaunerburg.

VI.

In Genua wie Donnerhall der Ruf: »Herr Ober!« An allen Abendtafeln des verkafferten Ligurien breiten sich Ehepaare Norddeutschlands hin. »Es regnet – da nehm' wa alle vier ein Droschkonggg!« Ferner: » – Ess man Flooomen (Pflaumen) – das is jesund.« Dies noch: »Ham Sie 'n Walzertroooum jesehn?« – »Von wem is er denn?« – »Da fragen Se mich zu viel.« – Beim Essen: »Ich hab' frische Strümpfe angezogen … meine Füße waren janz feucht.«

VII.

Jetzt liegt alles hinter mir. Der Atlantische Ozean (links davon Marokko) hebt Schiff und Menschen hoch, stupst sie tändelnd zu Tal und zerstört Karaffen.

Delphine, Schweinsfische, springen herdenweis; heut Morgen hat ein Schwertfisch, lang wie mein Arbeitszimmer im Grunewald, einen Springbrunn in die Lüfte geschickt, riesig, und ein Albatros flog über ihm.

VIII.

Alles liegt hinter mir. Das Felsennest – und meine blanken Goldfüchse.

Vor mir die Inseln mit den Kanarienvögeln.

Genua

I.

In dieser Stadt verschwor sich Johann Ludwig Fiesco. Man geht herum, atmet den zusammenströmenden Hauch des Südens, der Meerfrische; guckt auf Schiffsleute, die Boccia spielen und Wein trinken.

Erklimmt auf steilem Pfad Seegefels und staunt im Straßengewimmel über freche Bauart, wenn eine Gasse sieben Stock hoch über der zweiten entlangführt; über unverschämte Häuser, die sich an jedem Abgrund hinpflanzen wie Kastelle.

Man blickt in manche bergig-enge Seitengasse (mit aufgehängten Unterhosen); auf die Vergeudung an Marmor.

Sieht alte Palazzi mit herrischem Türgewölb. Nicht so düster kriegerisch wie die Paläste der Florentiner; sondern eben von adligen Reedersippen voll Verschwendung erbaut … Und mittendrin wird man den Gedanken nicht los an Johann Ludwig Fiesco, der sich in dieser Stadt verschwor und unterging.

II.

Als Zehnjähriger ist man im Fühlen und Denken ein Indianer. Als Fünfzehnjähriger: der Graf von Lavagna, Giovanni Luigi de' Fieschi, Edler von Genua. (Geschmeidige Tücke.)

Der wirkliche Fiesco fiel durch Zufall ins Wasser; ersoff wie ein Kätzchen; kein Verrina hat ihn ertränkt. Dies Brücklein, wo es geschah, liegt heute zwischen Schienen und Speichern. Noch trägt eine Gasse den Namen des Geschlechts. Man findet sie kaum.

»Diese majestätische Stadt! Mein! Und darüber

emporflammen, gleich dem königlichen Tag! Es ist schimpflich, eine Börse zu leeren – es ist frech, eine Million zu veruntreuen, aber es ist namenlos groß, eine Krone zu stehlen.«

Zwischen Schienen und Speichern.

III.

Eines schönen Morgens ging ich ins Schloss der Doria.

Dicht bei Meer und Gebirg. Vergilbter Bau. Der alte Garten am Meer trägt herrliche Palmen – und einen Brunnen-Poseidon mit den Zügen des Andreas.

Derselbe Doria hat sich als Herkules verewigt, riesengroß, in Marmor.

An der Wand hängt er in Öl, prahlsüchtig als antiker Held gekleidet. Dann wieder in Öl, schon greisenhaft, mürrisch, krank. Aber das seltsamste Bild ließ er im späten Alter machen. Er sitzt triefäugig da, mit einer braunen Katze.

War sein Lieblingsvieh.

Der Doge von Genua, der »gewohnt ist, dass das Meer aufhorcht, wenn er spricht« – bei Schillern – hat auf der Welt zuletzt keine Freude denn ein Katertier. Wie man ihn konterfeien will, hält er drauf, dass sein Herzblatt mitgemalt wird. Taprig blickt er zu ihm hin. Fiesco war um diese Zeit schon ins Wasser gefallen.

IV.

In der Ecke steht noch der Mantelhalter des Andreas. Dort hängt er den Purpur auf, wenn er sich's bequem macht. Von vergoldet gewundenem Holz.

Der erhabene Greis bekam das Schloss von der Republik zum Geschenk. Nach der Wasserseite führt eine schöne Plattform, breit, mit Balustraden. Dort mag er herumspaziert sein und »Miez! Miez!« gerufen haben.

V.

....

Ach, meine Lieben: die venezianischen Palazzi sind anders. Schweigsamer, tiefer durchleuchtet von stiller Schönheit. Die kehrt nicht wieder in der Welt. Ich bin ein alter Venezianer, völlig ausgepicht; es kommt gegen diese Stadt nichts auf.

Nicht mal der große Zug des Doria-Schlosses, das an keiner lauernden Lagune, sondern dreist am salzigen Meere liegt. Venedig gebiert tausend Träume, jeden Abend, unsterbliche, jeden Morgen, jede Stunde. In der Trauer; im Zerfall; in der Sehnsucht; in zerbröckelnd entrinnender Totenanmut.

VI.

Genua dagegen gebar bloß den Kolumbus, der hinauszog, eine Welt zu entdecken, so dass am Grünwasserplatz oder Piazza aqua verde sein Standbild errichtet worden.

Und heut! Amerika gehört den Amerikanern. Genua ist ein mittlerer Platz für eine Flotte.

Venedig aber bleibt unüberwindbar. Denn es kann wohl in den Farben umschattet, in den Träumen gewandelt: aber durch keine Politik vernichtet werden. Es bleibt ja der hohe Zufluchtswinkel des Verlangens, sturmgefriedet und gebenedeit, für alle Tieferen, die in Herrlichkeit leben, doch in brausender Herrlichkeit einmal stillhalten … und zum ewigen Bewusstsein kommen.

VII.

Machtvolles Genua? – Winziges Genua.

Neapel

I.

Ich hatte Fieber in Genua. Im Abenddunkel lief ich hinab zum Hafen. Ein Schiff sollte spät nach Neapel fahren. Zwei Halunken traten an mich heran. Ich fragte, ob der »Dominico Balduino« abgegangen sei. Er liege noch da; sie wollten mich hinrudern.

Durch die Nacht ruderten wir los. Saiteninstrumente tönten, die niemand spielte. Ich sah Zypressen und Rosmarin. Schlafende See. Funkenregen von krudelschönen Sternen. Zwischen Kuttern, Barken, entschlummerten fremden Fahrzeugen mit griechischer Inschrift glitt und schlich das Boot mit den zwei Halunken fort. Hinten, in der braunblauen Dämmerung, lag die Stadt Genua, mit zwanzigtausend Lichtern, in Höhen und Tiefen. Vorn die Nacht … und das blutaufreizende Mittelmeer.

II.

Die Gestalten der zwei Schufte schwammen in Blau und Braun. Ich sah noch manchmal, wie sie sich zurücklegten, den Unterleib emporstießen und ausholten.

Am nächsten Tag war ich krank.

Drei-, viermal kroch ich auf Deck. Die Insel Korsika erschien aus Wolken; verblich in der Ferne. Wir fuhren hart an Elba vorbei.

Aus diesem blauen Meer also war er hervorgegangen. Aus dieser holdselig dunklen Leuchtflut. Das letzte große Ungeheuer, das Du, sterbender Süden, der Erde geschenkt hast.

Sterbender Süden? Kältere Rassen verteilen heute die Welt.

Am zweiten Morgen stieg ich in Neapel ans Land.

III.

Auf einem Nachbarschiff war ein wundersames Frauenzimmer aus dieser Gegend, das sich nun ausbooten ließ. Blutjung, mohrenbraun, mit rotsammetnem Umhang, im bloßen Kopf. In der Rechten trug sie einen dicken, duftenden Strauß von weißen Orangenblüten; ein bäurisch grünes Sonnenschirmchen.

Als sie in das Boot stieg, warf sie sich über die Querbänke auf den Rücken, schmiss die Pakete neben sich, stopfte die Orangenblüten als Kissen unter den Kopf, das schwarze, unbedeckte Haar fiel in ihr schönes, braunes Gesicht, und so, ganz im leuchtenden Schein, wurde sie davongerudert.

Die Schiffer hatten um den Kopf brennend rote Tücher.

Ich war jetzt gesund.

IV.

... Graus des Südens! Neapel ist ein Lumpenmarkt, ins Übersinnliche gesteigert.

Viele Bewohner wirken wie Affen, mit schwarzen Punkten als Augen. Verleiblichung dumpfer, verhungerter Gier. In allem, was sie tun, kraftlos, tierisch, ausbeutungssüchtig, ohne Fröhlichkeit. Der Graus des Südens packt mich. Sie scheinen bösartig, störrisch, ausgebrannt, lauernd-lüstern, zu jedem Opfer allzu schnell bereit.

Nach Berichten vermutet man, dies Schnorrertum sei liebenswürdig. Es ist ohne jeden Zug von Liebenswürdigkeit. Die feinste Straße wimmelt von Hexen, Lumpenpack, Galgenvögeln, Kot. Blutige Lämmer im Fell hängen zwischen feinen Geschäften, wahnsinnige Fische mit Schleimgekräusel werden angeboten in zeterndem Singsang, Weiber mit Bassstimmen preisen Zwiebeln an, nebst allerhand seltsamen Stängeln.

Die Straße leuchtet von Orangen, Zitronen, draufgehängten Kirschen. (Die Kirschen sind schmal und länglich; im Geschmack von junger, fleischiger Frische.) Seitengassen steigen hoch, besät mit weißleuchtenden Blumen; die Verkäufer halten Rosensträuße, schwere Sträuße von weißen Kamelien in den Händen, springen auf die Wagentrittbretter, jeder quakt, singt, heult, miauzt; Inder und Ägypter von den Schiffen trotten zwischendurch; Bürstenbinderinnen arbeiten auf der Gasse; Kinder pfeifen, viele wälzen sich in Staub und Nässe, machen Feuer mitten auf dem Damm; edle Gesichter scheinen begraben in Schmutz, alles spuckt, rülpst, stinkt, Schüsseln mit Hammelohren stehn feil, Gemüse liegt auf dem Bürgersteig, Esel, Maultiere, Gäule quer angebunden, anreißende Fuhrleute, massenhaft lärmende Schuhputzer, kleine Ziegenherden, Ochsen, mittendurch Aristokratie in Equipagen im Garten der Villa Nazionale, der zwischen Meer und Palmen und blaustrahlenden Judasbäumen entlangführt, wimmelnde Spitzenwägelchen für Neugeborene, von Böcken gezogen, von Ammen in tollem Luxusgewand bedient, schwarze Kälber fressen hart daneben auf der Straße Grünfutter, schwarze Ochsen gehn hintereinander her, rote Kopfbedeckung wogt obenauf, plötzlich wird aus der Höhe was herabgegossen, drei Männer brüllen gegeneinander los, man denkt, sie erschlagen sich, plaudern aber nur; alles handelt, bietet Geringfügiges an; von fünf Jahren ab; irgendwo, ohne dass ein Kaffeehaus besteht, haben sie einen Tisch auf die Straße gerückt, spielen Karten, fünf Ziegen sind an das Tischbein gebunden; jemand steht auf, melkt ein Glas voll, spielt weiter.

Geschwüre, furchtbar; und eitrige Blattern! Wie viel menschliche Scheußlichkeit, bald ausgemergelt, bald gedunsen! Wie viel Rohheit gegen Tiere, die man gegen den Unterleib mit dem hölzernen Stiel der Peitsche haut.

Graus des Südens.

V.

....

Inmitten dieser Umgebung, am Kramplatz oder Mercato, schläft Konradin von Hohenstaufen; seines Geschlechts der Letzte; besiegt bei Tagliacozzo; hingerichtet durch Karl von Anjou: doch überdauernd in Gesängen den Dreck der Stadt, den Rost der Zeiten und die namenlose Schwermut des Todes.

Er war ein Kind, lebte bei der Mutter in Schwaben.

Der Papst bannte das Kind.

Das Kind zog über die Alpen; schlug die Schlacht; kniete vor dem Henker.

(Die Mordstätte säumt ein verwitterter Burgrest, von Grün umwachsen, hart daran die Karmeliterkirche, das Meer klopft zwanzig Schritt fern ans Gestein – und zwischen Kastell und Bethaus der schmutzig verstaubte, stinkende Trödelmarkt.)

VI.

Mord am Anfang, Mord am Ende. Wie viel Schlächtereien sah diese Stadt?

Verständlich, allerdings, die Gier auf Stadt und Golf und Inseln: als auf ein Besitztum von nicht zu sagender irdischer Schönheit.

Wer Neapel verlässt mit seinem Auswurf, seiner Bande, seinem Gesindel; wer an das dunkelblaue Meer kommt mit leuchtenden Trümmern daran: der … ahnt Griechenland.

Dunkelblaues Meer, leuchtende Trümmer daran.

Himmelsschöne dunkle Menschenbilder; griechische Häuser; drüben der feuerspeiende Berg und die befreiten Städte.

Taumelbecher der Welt, holdselig, komm an die Lippen.

Brausendes Leben, tu den tiefsten Zug – und grüße strahlend auch die Untergegangenen.

– –

VII.

Die Untergegangenen. In Pompeji scheint es, als ob sie im Innern der Wohnungen sich verborgen hielten; heraustreten könnten. Aber man wandelt im Reich der Vergangenheit. Tragische Todeserinnerung. In der starren Lava sind die Körper der Gewesenen schrecklich aufbewahrt.

Ein Mädelchen, unbekleidet, das sich rasch noch ein Gewand überziehn will, ist vom Tod erfasst worden; der Anblick des jungen Körpers hat etwas Rührendes. Ein Sklave schlief, den Kopf auf die Hand gestützt; ist so hinübergegangen in die Ewigkeit; die Züge des Gesichts mit furchtbarer Treue zu erkennen. Eine Mutter und ihr

Kind starben in enger Umschlingung. Andre ziehn die Glieder krampfig an den Leib, da der glühende Tod sie überkommt. Alles das sieht man, als wär' es gestern geschehn.

An den Wänden, an der Außenseite der Häuser noch Kritzeleien, so übermütige Jugend damals neckend hinmalte, wie heut; Namen der Wahlkandidaten, von Parteigängern eifrig an die Wand gekratzt. Es ist, als hätte die Zeit in diesem einen Fall stillgestanden.

In den Kneipen Weingefäße noch auf den Gestellen. In Kaufmannsläden Öl-Amphoren auf dem Ladentisch. Noch liegt frischgebackenes Brot da, kohlig erstarrt in zwei Jahrtausenden – man möchte die Semmeln mit dem hübschen Muster anbeißen; noch liegen Esswaren herum; gelangten in keines Pompejaners Magen. Das alles hat die Lava … gerettet. Gerettet!

Auch die Bilder an den Wänden. Wie ließ doch jeder bessere Bürger der Stadt anmutvoll Speisezimmer, Schlafzimmer, Empfangszimmer mit Gemälden ausstatten. Gebrannte Farben auf die Wände gesetzt. Und was für Bilder! Ein Frauenkopf, wie gestern von Böcklin gemalt. Nicht etwa Dinge, die langweilen, als Antike, steif, zu der wir kein herzhaftes Verhältnis haben – sondern entzückend lebensprühende Sächelchen; schalkhaft; nachdenklich; himmlisch; voll wundersamer Farbtönung. Das alles hat die Lava … gerettet. Die blonden Neger hätten es zerstampft.

VIII.

Von Pompeji ritt ich auf den Vesuv.

In Torre Annunziata Fest des heiligen Franziskus. Es hingen um seinen Baldachin, den man durch die Straßen trug, zwanzig tote Hähne und Hennen. Ein kleines Lamm, über und über geschmückt mit farbigen Papierblumen, schritt an der Leine. Dazu wurde Trompete geblasen, alle Bewohner von Torre Annunziata ergingen sich in froher Spannung.

IX.

Der erste Teil des Ritts in englischem Trab. Dann verfiel das Ross grundlos in Karriere. Ich tat, was zwei Monate lang ein preußischer Rittmeister mir beigebracht: »Hacken runter, Fußspitzen nach innen, Fäuste abrunden, Schenkel ’ran, sitzen wie ein Licht.« Immerhin: Zitronenbäume, deren Geäst über Steinmauern hing, bedrohten das Augenlicht. Der Gaul blieb reich an Einfällen.

Jetzt erst sah ich, wie der Führer, der sich hinter mir hielt, von Zeit zu Zeit den Peitschenstiel an den Unterleib des Pferdes brachte, weil er früher zurück sein wollte zum Fest des heiligen Franziskus. Ich gebot ihm, voranzuziehn. Jetzt ging alles gut, unter dem Zitronenregen durch; an wundersamen, hohen Bauernmädeln vorbei; bis hinauf zur einsamen Pferdehütte, die schwindelnd über dem Golf liegt.

Kletterei.

Bis ans Schienbein im braunschwarzen Lavastaub. Die Steine sind beim Hinanklimmen locker.

Endlich kriecht man hinauf zum Krater, bis an den Rand. Legt sich, von Führern ermahnt, auf den Bauch, um nicht hineinzufallen.

X.

Aus dem Schlunde dringt ein fauchendes Gebrüll schauerlich. Wie wenn ein unvorstellbares Raubtier röchelnd schnauft. Der Schlund geschwängert mit nicht durchdringlichem Schwefeldampf. Heiße, rot- und graue Riesenwolken stoßweis; manchmal in gelbgrauen Stößen, welche den Atem benehmen; Lungen und Augen verderblich.

Wenn der grollende Rauch zur Seite zieht, gewahrt man für einen Augenblick Eingänge, dunkle Höhlen, Abgründe … im Innern des Feuerberges.

Man ist in Dampf gehüllt.

Der Kegel fallt jäh ab.

Nach einer Weile klettert man hinunter.

XI.

Dem feuerflüssigen Wesen der Sonne war man auf die Entfernung eines Sprunges nahe gerückt.

Ein Gefühl, das für die Dauer dieses Lebens nicht verlischt.

Hier steht man an den Pforten.

XII.

Wir kamen hinab. Ich sah in der Tiefe die Häuser von Pompeji; noch einmal empor zu dem furchtbaren Gipfel.

Er war doch milder als die Goten und die Vandalen. Sie schlugen in Splitter und Staub … eine Welt. Er aber hütete, tödlich sanft, mit dem Feuerstrom, als Einziger das Angedenken dieser verwehten Gloria.

Rettete vor der Vandalenschaft drei Menschensiedelungen – noch heute nicht von ihren Bewohnern verlassen.

XIII.

Um Neapel ist Leben und Tod. Erschütternd größtes Grab der Erde, Friede sei mit Dir.

XIV.

Zwei Nächte schwamm ich wieder auf dem Meer. Die letzten Worte dieses Tagebuchs schreib' ich auf gallischem Boden. In Marseille.

Messina

I.

Nachts in Messina schlief ich in einem altitalienischen Haus; die Korridore trachytgeplattet.

Ein blutjunges, ehrfürchtiges Stubenmädel mit einem Heiligengesicht von Bellini – die beim leichten Verneigen die Arme demütig hob …

Ihre Mutter war just angekommen, und das ganze Haus bewirtete diese Bäuerin mit patriarchalischer Freundschaft in dem marmornen Treppenflur …

II.

Da stand ich, gegenüber vom Festland.

Ein Deutscher denkt hier an Sylt. Einem Sylter mit Ahnen hätt' es geschehn können, dass seine Altvorderen auf dem Festland und im selben Haus wohnten, das er nun auf der Insel bewohnt. Im selben Haus.

Eine furchtbare Welle schied Sylt eines schlimmen Abends vom Lande, wie Gibraltar von Afrika, wie Messina von Reggio … Auf dem Meeresgründe zwischen Schleswig und Sylt ruhen Häuser mit Knechten, Mägden, Gäulen, Hunden; Dörfer und Gemeinden.

Wird eines Tages das schmale Halb-Eiland Italien, auch Hesperien genannt, mit seinen Statuen und Bildern, mit seinen Weinstöcken und Gesängen, mit vielen schwarzen Augen auf dem Grunde liegen, begraben und verschluckt vom Salzwasser, Schwamm, untermeerischen Höhlungen und nassen Vulkanschlünden? Weshalb sollte nicht im Großen möglich sein, was im Kleinen Wirklichkeit ist?

III.

Es kommt mehr auf die Stimmung eines Menschen als auf die Beschaffenheit einer Landschaft an …

Schön ist jedenfalls der seltsame Blick vom oberen Teil Messinas über die Meerenge – die nicht breiter als ein Fluss aussieht, aber recht angenehm dunkelblau im Vormittagslicht schimmert.

Also drüben liegt Italien, heiter, man sieht die Gebäude – ein Katzensprung. Und die Häuser von Messina steigen und steigen, mit hellblauen, mit rosa Mauern, über die manchmal Zweige mit Goldgelbem baumelnd hängen … Friedvoll-behagliche Meerstadt mit leisem Getrieb.

IV.

Durch die heitere Meerenge, sie hat nicht mehr Wellen als der Main, fahren bunte Schifflein, farbig bemalte Küstennachen sinnfällig angestrichen wie eine schlesische Bauerntruhe. Alles friedlich, arglos. (Viel sauberer als in Italien – Sizilien ist ja sauberer.)

Glockenläuten, ein seltsam alter Dom mit schönen Heiligen darin. Manches in den Straßen sieht mehr spanisch als italisch aus (wie bekanntlich oft in Sizilien).

V.

Am Domplatz ist eine dolceria oder Stätte der Süßigkeiten, von zwei schlichten Sizilianerinnen bedient; ein

Frühstück von seltsamen Kuch-chen und Marsalawein schmeckt dort sehr gut …

VI.

Das Erdbeben kam.

Die zwei Sizilierinnen sind in der Zwischenzeit erschlagen; im Schutte liegen die Heiligen; die dolceria liegt im Schutt; die kleinen Kirchlein und hohen Palasthäuser liegen im Schutt.

VII.

(Auch das Stubenmädel?)

....

EINE INSEL HEISST KORSIKA …

Vorspiel: Sardinien

I.

Civitavecchia, sauberes Städtel, geordnet und handlich, liegt bei Rom. Weißt du, wohin der Mensch von hier stechen kann? In See.

Vormals war der Ort so lecker nicht: als ein gewisser Henry Beyle (mit Schreibernamen Stendhal) da Konsul sein musste. Brennend hat er fortgewollt.

Ihm war das Städtlein der Käfig. Mir das Sprungbrett – für eine Insel. (Für zwei Inseln.) Schließlich für drei Inseln.

Brennend hat er fortgewollt. Ich zog fast schwermütig den Hut … im Gedenken an ihn.

Hierauf stach ich in See.

II.

Einen Tag zuvor: im ausgegrabenen Ostia – wo sich dazumal der heilige Augustinus bekehrt hat. Er tat es in einem Haus, dessen … freudiger Charakter zu denken gibt. (»Una casa allegra«, sagte mit Schmunzeln der professore von einem ähnlichen.)

Rauschendes Rom. Rauschende Herzlichkeit in Festen. Sinnend-stiller Palatin. Etwas vergröberter Pincio.

Ich hatte dort einen Vortrag im Palazzo Aldobrandini gehalten. Über das deutsche Drama. (Frascati nur in Flaschen diesmal; nicht in Frascati.)

Und jetzt nach allem Trubel fährt mein schweigsames Schiff in den Abend; über das Mittelmeer; in die Nacht; zu einer Insel.

Es gibt allerhand Lebensgipfel im Dasein.

III.

Früh vor fünf, bei der Fahrt in die Orangenbucht, auf Deck. »Golfo degli Aranci.« Ein Felsengolf, himmlisch, mit zackigen Edelketten, darunter Grün. (Alles da: blasse Mondsichel, dünner Streif Morgenrot – vor fünf.)

Dies ist: das Felsland Sardinien.

IV.

Zusammengefasst: steinern alles, hart alles, männlich alles, gedrängt alles, zusammengebissen alles – mit wuchernd hartem Gras … aber auch mit vielen, vielen violetten, roten, gelbgoldnen Blumen. Weißes Blühzeug auf hartem Dunkelgebüsch. Zweistockhohe Blöcke mitten im Strauchgras.

Kein spaßiges Land: aber ein strotzendes Land. Mehr strotzend als üppig. (Es gibt Unterschiede zwischen strotzend und üppig – nicht wahr?)

So der Kern. Lichtvolles Fels- und Meerland.

V.

Diese Insel soll allerhand Urtümliches haben, aus der Vorzeit. Es gibt noch Klotztürme, »nurraghe« genannt; erbaut, als Zuflucht, von einer versunkenen, verschütteten, vergessenen, verschwundenen Bevölkerung … nach deren Tod erst Geschichte hier begann. Sprachreste von Altlatein. (Gott ist nicht dio, sondern deus.)

Auf dem schwarzen Kopf tragen schwarze Weiber schwarze Amphoren – wie längst vor Christi Geburt.

Dunkle Mannsbilder seh' ich hernach durch Dörfer stiefeln; in ihrem Kreuz hängt an Messingschnüren die kleine Waagschale. Denn die Menschen dort backen ihr Brot wohl selbst und kaufen pro Fall ein bissl Korn. Ist das der Grund?

Alter Stil, alte Schule. Das schwimmt, mitten in Europa.

VI.

Schwarze Kopftücher schwarzklüftiger Frauen. Carabinieri. Tauben. Postsäcke. Morgengetrieb. Dieser Ort heißt Terranova.

Viermal am Vormittag wird der Pass untersucht. Sogar schriftlich festgestellt, dass der Vater Emanuel hieß, die Mutter Elena … Nein, Herr Carabiniere, nicht Elena! bitte sehr! Helene hat sie geheißen! Helene! …

Man möchte beiden gern eine Ansichtskarte schicken – doch sie käme von dem lichten, feierlichen Friedhof in Breslau als unbestellbar zurück.

(Dort steht auf einem Stein: »Hier ruht, was sterblich ist von Ferdinand Lassalle, dem Denker und Kämpfer«; die Inschrift prägte der Altertumsforscher Böckh.)

Wollte sagen: keine Ansichtskarte. Die gibt es auch gar nicht. Vergessenes Land.

VII.

In Dörfern (weg von dem Zaubergolf) hängt blutendhautlos mancher Ochsenkopf mit ragendem Gehörn vor mancher entlegenen osteria. Speisen möcht' ich dort ungern – offen gegen offen.

Vor Bauernhäusern allemal im Holzkäfig ein Singvogel. Die Menschen grüßen; Fremde kommen sonst nicht her.

Sanft steigt aber und ernst-lieblich die Felsenstraße mit Hartheidegebüsch. Die heroische Landschaft ist karstig. (Setzer! nicht: garstig. Ach, ich weiß, Sie passen schon auf.)

Patinaberge rings; daran grüne Frühschatten; gibt es Besseres? Jetzt aber genug mit Schilderung, der Leser wächst mir sonst aus – obschon ich es derart einrichte, dass ihm die Landschaft löffelweis und zwangsmäßig, ja gegen seinen Willen, beigebracht oder eingehämmert wird. (Soweit jemand mit Löffeln hämmern kann; das ist mir gleich.)

VIII.

Nur dies noch ... (So sagt jemand in meiner lieben Umschicht auch immer, bevor eine knappe Stunde fließend-anmutig geredet wird.) Nur dies noch: – Steinmäuerle, die bis zum Nabel reichen, umzirken die Felsstraße samt verloren weidendem Vieh ... (Die zweistockhohen Blöcke mitten im Hartgrün und Altgrün hab ich erwähnt; nun also. Dazwischen Wuchergewächs.)

Wer es jetzt nicht sieht, – – – !

Nur dies noch: ein trübungslos lila Himmel über dem Blühgebüsch. Der Himmel wäre gemacht. Nur dies noch: mitunter ein Anwesen, Landmann, Hund, kleine Tochter. Jetzt endgiltig Schluss, nur dies noch: auf gefirrem Pferd öfters ein verlassener Bauer, der Milch bei sich hat, aber sonst beschäftigungslos langsam durch die Steinheide tänzelt.

Wer es jetzt noch immer nicht – –. Genug. Das Felsland Nordsardinien.

IX.

Das Felsland Nordsardinien.
  Ernährt windschiefe Pinien.
Auf blumbetupftem Grüngefild
  Auch lichte Feigenbäume wild
Inmitten von dem Karste –
  Da starrste!

X.

Hier geht ein Postwagen. Hinein. Mitten durchs Land. Wie heißen die Dörfer? Piliezza. Cavagliana. Saraghino. Molino-Ficaccia. Santa Maria Arzachena. Zuletzt Palau.

Palau liegt am Meer …

XI.

Gegenüber von Palau duckt sich das Fels-Inselchen Caprera. Dort ruht Garibaldi von allem aus, was er für Italien getan. Er schläft – nach seinem Wunsch – mit dem Gesicht nach Nizza, wo er geboren ist. (Es lässt sich vorstellen, dass jemand, auch ohne dort geboren zu sein, nicht ungern, wenn man schon sterben muss, dann mit dem Gesicht nach Nizza sterben möchte.)

Ein Mann erzählt mir, dass auf Garibaldis Bett, so dort bewahrt bleibt, noch die Flecken des Todesschweißes zu sehn sind.

Gekämpft hat er halt bis zum letzten Augenblick. Im Schweiße deines Angesichts sollst du … sogar den Tod fretten? Angenehm eingerichtet. Hoffentlich spät.

Noch später.

XII.

Vorläufig ist bei Palau eine wunderbare Bucht. Vorläufig sieht man sie noch. Vorläufig grüßt man sie noch. Vorläufig riecht man die hängend-goldnen Ginsterbüsche noch – mit ihrer blödsinnigen, verschollenen Süße.

Unberührt von Jahrhunderten liegt hier alles. Unbetreten. Diese großartig-holde Felsbucht ist fast eine Griechenbucht. Ein bisschen kykladisch. An dem elenden Dorf! (Kein Gasthof, zum Glück.) Unberührt, unbetreten; ungeglättet – wie das raukrustige Flutgestein. Edenhaft, jungfräulich die Landschaft, die Meerschaft.

Diese verschlafenen Blumenmillionen an den Buchtblöcken. Über dem braunen Geblöck immer noch Leuchtginster, Blendginster, Ruchginster – an einer mattblauen See.

Dort klettert man herum. Nur neugierig bewacht … vom Glück.

XIII.

Sang nicht Brahms ein Lied: »Feldeinsamkeit«? Hier ist Felseinsamkeit. Und Farbeinsamkeit, Lazerteneinsamkeit, Hummeleinsamkeit, Zwitschereinsamkeit, Lichteinsamkeit, Dufteinsamkeit; – Meereinsamkeit.

Verkanntes Sardinien. Gefundenes Sardinien.

XIV.

Jetzt ist es noch nicht neun – an dieser verstohlenen Wunderküste. Verkanntes Sardinien, gefundenes Sardinien.

So bleiben soll sie. Keines Paschegiers Fuß soll sie betreten. Bis auf weiteres.

XV.

Gegeben bei Lenzbeginn in der Frühe des Tages.

Der Eintritt in Korsika

I.

»Gallura« hieß ein winziges, putziges, puppiges Schifflein, das von Sardinien über die Meerenge fuhr.

Außer mir war ein Kanari drauf. Der capitano (als geborener Sarde piepmatzfreundlich) trug seinen Vogel vom Schattenplatz in die Sonne: das Wohlgefühl des Lieblings zu mehren.

Meins war eh schon groß.

II.

Das wüste Gegenstück zu der Friedstille blauen Gleitens brach etliche Stunden später ein.

Vorläufig lag die Mittagsfläche dösend; »Gallura«, aus Liliput, schwamm in schläfrigem Glück. Die Welt schien … waagrecht.

Bis auf den Hüpferich im Holzbauer, vorn, von Stange zu Stange.

III.

Die ferne Welt war jedoch nicht waagrecht. In Deutschland stand sie mehr vertikal-drunter-und-drüber. (Mit tausendjährig erprobter Geschicklichkeit.)

Hat jemand, blau zu gleiten, dann das Recht?

IV.

Ja. Das Leben ist zu kurz, es nicht zu tun. Die Zeitgeschichte zu blöd, es zu lassen.

Entrinnen sollst du nicht: aber dich gürten. Vergessen darfst du nicht; aber dich festmachen.

Zieh Luft ein: dem Müff zu begegnen.

Zerstreuung ist … Sammlung. Ruhe nicht Beruhigtsein. Traum nicht immer Schlaf.

Zieh Luft ein.

V.

Wer den vorigen Absatz nochmals liest, kann ihn vielleicht auch singen; darauf kommt es an, bei der Geographie von Korsika.

Erst wurde noch in Sardinien bei Santa Teresa bissl angelegt. Das Fahrzeug schmiss irgendwas Geladenes an Land. Jetzt kam die Korseninsel … Noch näher.

Dem Zwitschi war es wurst. Ihm dämmerte nicht, welcher Insulaner von dort einst ausgezogen war … die Welt zu ändern. Das Hirnwerkzeug dafür ging dem Vöglein ab.

Wie es uns abgeht für unbekannte Sternenlümmel, die gleichfalls von irgendwoher … auszogen. Wir sehn sie nicht.

Wir flöten gleichfalls: »Zwitschkiwitt, zwitschkiwitt, piep!«

VI.

Warum erklimmen Besucher die Insel nicht von Süden her? Obschon man von dort ihre ganze Fruchtbarnis und ihre ganze Herrlichkeit mit einem Schlag ins Blut kriegt.

Gelbgraues Küstengefels, frech und ablehnend, hoch

über der Meerbläue. Das wuchtet und wacht; strotzt und trotzt; starrt und steint.

Und oben erst. Auf diesem Steilfelsen ist ein Häusergepferch – noch herausfordernder, frecher, waghalsiger … dennoch, der Clan gleichsam: ein Haus ans andre gelehnt und gestützt.

Sie würden alle von dem Hochgrat brüsk ins Meer purzeln – hielten sie nicht, etwas rückgebeugt, einander fest. Oder träten sie nicht, immer dem Nebenmann … auf den Absatz.

Jeder dem andren verhasst, alle selbander versippt; Korsen. (Jeder dem andren verhasst, alle selbander versippt; Korsen.)

VII.

Zu selten landet also jemand bei dem Felsennest Bonifacio (das nur von der See zu erblicken ist.)

Als ich es tat, rief der korsische Zollmensch, in der douane, froh überrascht: »Vous êtes des Allemands? J'ai été en Allemagne – pendant l'occupation.« Er fuhr fort: »Ich spreche deutsch.« Dann (leiser): »Wenn Sie erträglich essen wollen, jeden Tag Languste, gehn Sie nicht hinauf in die Akropolis … sondern am Hafen vorbei, rechts, in das Gasthaus La Pergola.«

(In mir verschwammen die zwei Begriffe »douane« und »douanstesnicht«.)

Ich: »Oben soll ein Hotel zur Übernachtung sein.« Er: »Ich will als Beamter nichts darüber sagen …« Ich (deutsch): »Sagen Sie es auf Deutsch; niemand versteht Sie dann.« Er (auf Deutsch): »Das oben ist … Also versuchen Sie es lieber mit der Pergola; ich bin dort in Pension.«

VIII.

Languste …

Wenngleich der Planet im Argen liegt? Ist man ein individueller Hund, volksfremd, falls man überhaupt noch Zungenunterschiede macht? Scheint es anfechtbar, falls jemand, in Läuften der Weltnot, sich das Tastgefühl der Sinne nicht abgewöhnt? Wird es ein Frevel, wenn man nicht immer bloß Vitamine bucht, Kalorien zählt? Und heißt es eine Logik, wenn man (ich mache mir nämlich gar nichts aus Languste) – wenn man somit als asozialer Schurk' dasteht … und es doch nicht ist?

Volkswirtschaft! Languste kostet hier fast gar nichts. Ich sag's immer: nur Transportfragen gibt es; auch in der Politik. Die Welt ist schön, die Welt ist reich – und alles ist für alle da …

Indes der Satz aufs Papier kommt, machen sich die eignen Worte selbständig – und ich höre:

Das klingt so weich, das singt sich gleich,
Kaum weiß der Kopf, wie das geschah:
Die Welt ist schön, die Welt ist reich,
Und alles ist für alle da.

(Mel.: Freude, schöner Götterfunken, aber jambisch mit Auftakt.)

Und doch gab es beim Kauen und Knacken des Krustentiers fast Gewissensbisse.

IX.

Der billige, junge Wirt kam erst vor zwei Monaten in diese Verborgenheit – als ihm sein Gasthof im gallischen Festland pleiteging. Hach, diese Zeit!

Bei ihm haust und schmaust nur noch ein Britenpaar, in dem versteckten, steinernen Spalt, hinter dem Hafen.

Der Brite soff dauernd am Zinntisch, bis er einschlief. Die Frau war unglücklich drüber.

Der Sohn (nach drei Jahren Heidelberg) legte dem deutschen Gast zu Ehren aufs Grammophon eine Platte mit dem Sang: »Das gibt's nur einmal, das kommt nicht wieder.« An dem hier menschenlosen Südkap der Felsinsel.

X.

Die Felsen der Küste (dahinter felsige Gebirgsketten) … das wirkt steiler als ein sardinischer Wall. Mächtiger. Mit klobigen Grotten.

Man fuhr ja auf dem Schiff in einen starren Engfjord. Obendrauf, brutal, die alte, schwindlig horstende Meerfestung – aus genuesischer Zeit.

Dabei gelten die Einwohner als besonderlich sanft. Nur ein unsanfter Artillerieoffizier hat mal acht volle Monate hier verbracht. Er hieß … Jawohl, er war es.

XI.

Palmen, Berberfeigen, Maultiere, Ginster, Ölwälder, Hartgrün, Blumenfülle: wirklich alles hart, bei tollem Reichtum.

Hart-stolze Gepflänzwildnis. Heldisch geballtes Wucherwachstum – in einer Luft voll Jähheiten.

Das Banditisch-Waghalsige der Insel; ihr Schroff-Sturzsteiles; ein kaum angetasteter Überschwang der Schöpfung im Sonnensturm …

Von dieser Südseite soll man in Korsika landen.

XII.

Auf dem Puppenschiff: schlummerschwül. Beim Langustenfraß: drückende Glut. In der Stunde drauf: ein Tobwind. Vom durchtobten, durchfauchten, durchrasten Südkap … das noch eben durchleuchtet lag mit dem quiekend lebstarken Rülpsruf der Esel.

Dieser Sturm ist (unterbrechungslos) zum Umwerfen. Dass oben auf der Zitadelle die Afrikaner schaudern; und der Zivilist auseinanderknallt.

Ich hatte den einen angeredet, als er Wache schob. Der dunkle Kabylenmensch lachte (sehnsüchtig, aber gesund), als wir von La Marsa sprachen, von Karthago, von Sidi-bou-Said; er kannte das gut – und hörte sein Alphorn.

Jetzt, auf dem Rückweg, da der Jähsturm einbrach, glich er einem versteinten Marabu; in sich verkrochen. Andre Moslim, hinter deckenden Vorsprüngen, hüllten sich zitternd in ihre blassfinstere Haut.

XIII.

Es war kein Schlafraum in der Pergola. Darum wohnte man oben in der Felsstadt, aß jedoch hier im Talspalt. (Neben andrem das korsische Leibgericht: broccio, weichen Ziegenkäse. Nie wieder. O Quark meiner schlesischen Kindheit, wie gut bist du.)

XIV.

Zum Nachtmahl kam der deutschredende douanier wieder. Seine Kenntnis war im besetzten Saargebiet erworben. Er schien hell und beweglich. Äugte nach Büchern. Ein Liebling dieses Korsen war der Humorist Courteline. Und sonst? Er sagte sofort: »Wo kommen die Löcher im Käse her, von Tucholsky.«

Draußen scholl und schwoll im Sturmdunkel die wandelbare Meerenge von Bonifacio.

XV.

Fünf Meter weit leuchtete die Wirtin mit der Laterne. Der Zöllner kam in der Pechfinsternis nach.

Ein Nachtgang mit ihm, hinauf, in die umheulte Zinnenstadt. Umheult, umzischt, umwütet, umsägt, umdröhnt. Wieder Brutalgemäuer auf Brutalfelsen, unten die See.

Durch Nachtschwarzes, am Ausgang der steinernen Klettergasse, wittert ein Umriss von weitklaffenden Toren und Quadergespenstern – riesenhaft.

Man vergisst es nicht.

XVI.

Auch das Hotel nicht. In dem Hochnest, fern von der Bahn, das einzige.

Der Ziegelfußboden im Zimmer duftet sonderbar. Seit Bonapartes Zeit ward kein Gefäß hier ausgegossen.

Der vergreiste Wirt führt sich dabei befremdend auf – zum Gram der Seinen. Der Alte kneift Damen irgendwohin. Es ist eine Krankheit; und (wie man hinterdrein hört) ortsbekannt. Der Sohn fasst nach ihren Händen.

Eine verirrte Engländerin hat sich mal bei ihrem Konsul beschwert. Der Präfekt musste kommen. Untersuchung. Die Familie verzweifelt. Doch der Alte lässt und lässt es nicht. Sein Sohn ist ähnlich.

Der Zollmann erzählt am nächsten Tag, dass der Greis den Jungen vor einem Schlüsselloch fand … und ihn sanft wegstieß mit den Worten:

»Dies ist der Platz deines Vaters.«

XVII.

Alleinstehende Frauensbilder aus der Umgebung nutzen seine Vorliebe gut aus; sie scheinen hier Hof zu halten.

Diese Nacht war furchtbar. Mit Mineralwasser die Zähne geputzt. Im nächsten Ort baden!

(Aus dem »Albine«-Schauspiel des Dichters Max Herrmann-Neiße ging mir ein Ausspruch, ein unvergessbarer, durch den Kopf: »Dieser Puff ist mein Tod«.)

XVIII.

Morgens im Empfangsraum, als ich »… zahlen!« rief, trat nebenan aus ihrem Zimmer ein schweig- und gehorsames, willenloses Lustmittel. Schreitend, ohne Wallung, ohne Wimperzucken; sonst brünett-hübsch, reglos blickend. Fast reglos schiebt sie das Fremdenbuch zum Einschreiben. Wortlos, wallungslos gibt sie das geholte Wechselgeld zurück. Hierauf kommt aus ihrem Zimmer ein Mann in Hut und Mantel – ein Korse, frisch zurechtgemacht. Es ist Sonntag.

XIX.

Bonifacio wurde durch einen Toskaner um 800 gegründet – als er von der Sarazenenjagd heimfuhr. Später drosselten Genuas Raubtiere die Gurgel des Orts. Ein Spanier hat Bonifacio dann geknebelt, ein Papst half dem Spanier. Genua schnob zurück – hiernach fledderten gemeinsam Franzosen und Türken die Siedlung. Sie torkelte nochmals an Ligurien.

Ortsgeschichte? Erdgeschichte.

Heut ist Bonifacio, wie Korsika, bewusst und willentlich bei Frankreich.

XX.

… Mittagsflut. Kanari. Felsfrechheit. Gepferchter Clan. Maßlos hochfliegender Pflanzentrieb. Härte des Überschwangs. Tobsturm. Der Zöllner. Der Saufbrite. Die Kabylen. Der Nachtgang. Das Hotel – :

Dies zusammen war der Eintritt in Korsika.

… bis ihn seine Rosa weckt

I.

Korsika ist komisch. Als der Wagen zwischen Bonifacio und Ajaccio hielt, ging ich in der Ortschaft Sartène umher, auf dem alten Hauptplatz, auch in kletternden Gassen – und fand (es war Sonntag) die vielen herumstehenden Leute bürgerlich, ehrenfest, friedlich, angenehm.

Erfuhr hinterdrein, dass hier noch die vendetta herrscht. Und dass vollends … Also in dieser Gegend spielen die Taten der korsischen Räuber.

Ich hätte das nicht vermutet. Nein.

II.

Auch durch das Abhangdorf Olmeto kam ich in treuherziger Gesinnung – für Olmeto gilt dasselbe. Nun gar erst für das hüglige Nest Calcatoggio, mit seinen scheinheiligen weißen Häusern. Ich sah sie wohlwollend an und arglos. (»Manches wurde hier vollbracht … in sturmfinstrer Mitternacht.«)

III.

Berichtet sei, vor sachlichem Eingehn auf das Banditentum, ein Erlebnis im Halbtraum.

Ich sprach zu Mitgliedern der Bevölkerung: »Würden Sie, bitte, mir einen korsischen Räuber zeigen?« – In ihrem halbitalienischen Dialekt sagten sie: »Es sind keine mehr da … wir kriegen erst wieder welche herein.«

Ich glaubte jedoch ein Anrecht zu haben und drohte mit Abreise. Was sie darauf zuckten, war kaum etwas andres als die Achseln.

»Korsen«, sprach ich gedämpft, »ich gehe noch weiter: gefangen soll mich einer nehmen. Der Grund? Klar (chiaro, clair). Es lockt mich zu wissen, es jückt mich gradezu (das ist keine Anspielung auf eure Hotels) … zu wissen, was ich meinem Vaterlande wert bin – ob es das Lösegeld für mich (mit zeitgemäßem Rabatt) aufbringt. Ein Hintergedanke kommt hinzu. Ich stelle mir, wenn ich in die nächste Zukunft blicke, das Leben unter Räubern immer noch netter vor als unter – «

Fünf Schüsse kappten meine Betrachtung. »Da ist er ja!«, rief ich sehnsuchtsvoll, »hoffentlich Spada, der berüchtigte Oberbandit, herzlich willkommen!«

Die umstehenden Korsen schüttelten ihre von häufiger Blutrache durchfurchten Gesichter – und fügten hinzu: »Nein, es sind nur Wahlen bei uns … da wird öfter geschossen.« Sie äußerten dann: »Spada? Der letzte lebende korsische Räuber? Niemand weiß, wo der sich aufhält.« Ich sprach: »Damit ist es also vinaigre; aceto« – und ging trotzend in mein Hotel.

Dort lebte der springende Punkt. Mit ihm entspann sich ein kurzer innerer Kampf … das war alles.

IV.

- -

So mein wacher Traum. Jetzt ernsthaft:

Kenner behaupten: die heidnische Frühzeit, die Urzeit habe noch in Korsika nicht aufgehört. Wer bevölkerte die Insel? Sarazenen, Phönizier, Mauren, Griechen, Berber. Das Räubertum, sagt man, sei nur ein Rest aus dem Gesamtherkommen des Landes.

Andre solcher korsischen Reste sind etwa: Dienstbarkeit der Frau (Hitler); Familienclan; Blutrache. Kurz: Atavismen der Barbarenzeit.

Nach alledem ist es klar: auch die Banditei bedeutet nur einen verbliebenen phylogenetischen Rückstand.

Sie fällt nicht in das Kapitel: Geschichtschronik, sondern in die Abteilung: Sitten und Gebräuche. (Wo es ein Wiedersehn gibt; von altem Schrot und Korn; keine zersetzende Neumodischkeit; wer ein Mann ist; markig; wenn ich zu meinem Kinde geh'.)

V.

Deshalb stand auch die korsische Bevölkerung immer den Banditen bei. (Bis es ihr jetzt zu viel wurde.) Man verkauft heut noch ihre Bilder. Fünftausend heimatfeste schluchzende Stück Bevölkerung folgten dem Sarg einer solchen bodenständigen Gestalt der alten Treue. (Ost und West, daheim am best'.)

VI.

Korsen sind Phantasiemenschen, heißt es. Erzähler, Sprecher, Dichter. Und (vaterländische) Schießkünstler. Zum Teil aus Nordafrika verpflanzt, Enkel von Piraten; wohl dem, der seiner Väter gern gedenkt. Der ist in tiefster Seele treu, der die Heimat liebt wie du.

Napoleons Mutter Letizia stammte, wie die Ortskunde feststellt, aus einem korsischen Gau, wo das Fordern von Lösegeld ein Berufszweig war. So erscheint mir sein lebenslanges Wirken als ein Akt der Pietät. Elterngrab und Sohnesliebe; wo sind sie, die vom alten Stein; das waren Zeiten.

VII.

Jetzt aber wirklich im Ernst. Spada (das erzählt mir der Schulverwalter vom »Lyzeum Fesch« in Ajaccio, ein älterer Korse; der Kardinal Fesch, von schweizerischer Abkunft, war Letizias Halbbruder, der Onkel Napoleons – er gründete das Lyzeum, wo, nach amtlicher Feststellung, bei rund 300 Schülern rund 300 Revolver gefunden wurden). »Spada«, sprach der Lyzeumskorse mit fremdfranzösischem Tonfall, »hat es zu toll getrieben. Man musste gegen ihn was unternehmen (cela s'imposait) – er hatte sich zum Herrn des maquis gemacht.«

Maquis (Setzer, fügen Sie kein »r« ein, im Gedanken an unser neues Reichskabinett) – maquis ist das französische Wort für das korsisch-italienische »macchia«. Will sagen: das Buschland, Blumenland, Strauchland, Bergland, Felsland, Kakteenland, Versteckland. Der korsische Bandit ist verwachsen mit der macchia. Sein Obdach sind jene zauberschönen wilden Bezirke. Denn kaum etwas ist in Korsika gepflegt oder gekämmt (das macht ja die Herrlichkeit dieser Insel), sondern alles wächst, wie es will – aber hart und stolz; dabei wunderbar und zu viel. Erikabüsche, drei Meter hoch. In dieser Übertriebenheit von Grün, Gerank, Gesträuch, Fels, Dorn, Schlucht, Grat und wilder Amaryllis – »haust der Schütze frei«. (F. Schiller.)

Aber was hat es mit dem Spada auf sich?

VIII.

»Il court«, sagten mir die Eingeborenen. Er läuft frei herum; man weiß nur nicht, wo. Ihn konnte sogar der militärische Feldzug wider die Banditenschaft, der neulich losging, nicht heimsen noch killen.

Entwich er von der Insel und … arbeitet jetzt in Südfrankreich? Oder wird er von Bauern im Eilandsgebirg immer noch heimlich ernährt? Wer sich weigert, wäre flink ein toter Mann.

Jedenfalls: il court. Er kann jedoch kein Ding mehr drehn, versichern sie; das Räubertum ist seit dem Feldzug »rasé«.

Spada soll der Letzte sein … bis der Nachwuchs heran ist. (Ich sag's ja: allenthalben hapert es mit dem Nachwuchs.)

IX.

Ein Korse, der seit zwanzig Jahren in Paris lebt, besucht in korsischer Anhänglichkeit die Heimatinsel; wir kommen ins Gespräch – über die Räuber.

Er: »… und Sie können glauben, es gibt auf dem Festland viel ärgere Banditen, viel schlimmere Raubmörder, von denen wird nicht so viel hergemacht – wie von unsren paar korsischen Räubern, wovon einer mal einen Schangdarm wegschießt, und wenn schon.«

X.

Aber was hat es mit dem Spada auf sich?

Dies Wort »Degen« ist nur sein Spitzname. Eigentlich heißt er Kempner. (Was schreib' ich da – !) Wollte sagen: jeder, zu dem ich von ihm sprach, sagt sofort: »Spada ist ein Sarde.« Dabei stammt er gar nicht aus Sardinien (wie sein Vater), sondern aus Korsika, die Mutter war

Korsin. Aber der Korse sagt gern dem Sarden Schlechtes nach – und Spada gilt ihm als ein schlechter Bandit; als ein gemeiner Bandit; nicht als ein ehrenhafter vaterländischer Bandit.

XI.

Es ist leicht, in Ajaccio Biographisches über die Räuber zu bekommen. Es wimmelt von willig gedruckten Belegen über sie. Mir rohrt immer der Verdacht ihm Kopf, dass wegen des zu hebenden Fremdenverkehrs ein Naturschutzpark mit Räubern geplant wird.

XII.

André Spada, heut fünfunddreißig, ungefangen, begann als Holzhacker; dann in Syrien Soldat; stand vor der Ernennung zum Zollbeamten. Doch tags davor widerfuhr es ihm, dass zwei Landjäger mit Tode abgingen. Er hatte das aus Gefälligkeit für einen Freund getan. Alle Korsen sind hilfreich von Natur.

Spada zog deshalb nicht ins Amt, sondern in das »grüne Schloss«: so nennen sie jenes maquis, das blühwuchernde Fluchtland. Er lebte dort mit Antoinette Leca, die heute sitzt – sie war die Banditenwitwe des erschossenen unvergesslichen Romanetti; von ihm später.

(»… schläft der Räuber Rinaldini, bis ihn seine Rosa weckt.«)

XIII.

Spada vertauschte zweitweilig Antoinette mit der schöneren Mimi Caviglioli (im Allgemeinen sind die Korsinnen klein, aber hässlich) – die jedoch ihm bald mit einem gewissen Giocundi durchging. Spada verfolgte das Paar und machte versehentlich (man irrt so leicht, wenn man durchs Fenster schießt) den Onkel und die Tante von Giocundi kalt, die Licht im Zimmer hatten.

Nachdem er einen Fuhrunternehmer nur kurz angeschossen, hielt er auf der Omnibusstrecke Ajaccio–Lopigna gelegentlich Autos an. Ein Herr Ricci und zwei Gendarmen wurden bald darauf beerdigt.

Schließlich kam es so weit, dass die Kebsin Antoinette kostbare Seidenwaren in einem Geschäft mitten in Ajaccio kaufte, dann ins Auto zurückstieg und scharf sprach: »Die Rechnung an Spada.« Was da der Verkäufer voll hatte, war sein Herz.

Der »Sarde« blieb dann für die korsischen Senatswahlen tätig (hierzu werden, aber in allem Ernst, Banditen als Beeinflusser, gegen Kasse, verwendet); dann, wie neulich Militär kam, beschloss er zu verschellen.

Il court.

XIV.

Spada hat Eiweiß und ist herzkrank; aber ein hübscher Kerl trotz Atemnot und Dicke. Sonst: Grundmuster des ordinären, rohen, stumpfen Briganten. In seiner Bleibe fanden sich an Gewehren und Revolvern dreißig – an Heiligenbildern mehr als hundert. Volkstum. Wurzelecht. Kernfest. Sonnigkeit und Innigkeit.

XV.

Verwandt sind ihm Bornea, Perfettini, Caviglioli … Wie kommen solche Menschen zum Räuberberuf? (Nur die Daten gab Maurice Privat).

Bornea, geboren 1903, ist heut erst siebenundzwanzig; war Schmied, Matrose, Rennfahrer und (da staunst du) Gendarm.

Der Gendarm geht nach einer Unterschlagung ins grüne Schloss. Erpresser; Frauenschänder. Schießt prahlend einen ganz Unbeteiligten tot – nur um zu zeigen, dass er keine Hamletnatur ist …

Der Staatsanwalt aus Saigon verbringt seinen Urlaub in der korsischen Heimat – Bornea verlangt erpressbrieflich zehntausend Franken: sonst hören Frau und Kinder die Engel piepen. Der Staatsanwalt zahlt wirklich. Er weiß: ein Landsmann hält Wort.

XVI.

Ähnlich Perfettini. Schöner, dunkler Apache. Vorübergehend Zuhälter in Marseille (aber auch Faktotum des Kammerpräsidenten Bouisson). Doppelraubmord. Übersiedelung nach Korsika. Tötet hier den Vater und zwei Brüder der hübschen Madeleine Mancini: weil der Alte nur dreitausend Franken spuckt statt zehntausend. Madeleine sitzt heut; sie hat den Mord angestiftet – um bissl mehr Ellbogenfreiheit zu kriegen.

Perfettini schröpft und schatzt Bauern, Köhler, Holzfäller. Ein prassendes Viech.

Ihn zu erledigen, holt man den Gendarm Bustori, seinen Vetter, der ihn aus Familiengründen hasst. Bustori kommt, küsst ihn und schießt ihn dabei ins Herz.

Der Preisträger Bustori fällt vierzehn Tage danach von unbekannter Hand. Hach, Korsen, nein, ihr.

XVII.

Caviglioli, wiederum, hat mehrfach Landjäger nur zu seiner Zerstreuung erschossen.

Er wäre heut vierunddreißig. War Geschirrwäscher im Café Solferino zu Ajaccio, wo ich so gern saß.

Laufbahn. Er verkracht sich mit einem Bekannten, der

Räuber ist, wegen einer Frau. Sagt ihm vendetta mit der geziemenden Formel an: »Hüte dich, ich hüte mich.« Er geht ins maquis dicht bei Ajaccio. (Wie reich und hold ist es hier – ich besuchte ja sein Arbeitsfeld.)

Er scheint verstimmt über den Berufsgenossen Spada, schießt auf ihn; Spada zerschmettert ihm die Kinnbacke, reißt ihm auch ein Stückchen Zunge weg. Caviglioli melkt jedoch weiter die Bauernschaft – je nach dem Einkommen; holt zwei kleine Neffen ins Geschäft, der eine davon ist im Grand Hotel Laufjunge (dieser sitzt heut). Onkel tötet u.a. einen Herrn Simeoni; noch ein Herr kommt ums Leben, der nur aus dem Fenster guckt; und Gendarmen.

Caviglioli bekommt nachts von einer Amtsperson den Fang, vom Straßengraben aus. Ich sah nur noch sein Dorf, Lopigna; an einem friedvollen Vorabend; herrlich; im Duftradius des lyrischen, schwermütig-blauen Golfs von Sagone.

XVIII.

Und Bartoli? Wie bringt man den zur Vernunft und um? Geboren 1902. Die ersten Schüsse knallten bloß in Händeln; Koloniesoldat; Chauffeur in Marokko. Später schickt ihm Spada, wegen Ausbeutung einer korsischen Autolinie, Schrot in den Bauch, das kann vorkommen – Bartoli lässt also rasch im Hospital von Ajaccio (es liegt wunderschön) die Laparatomie, den Bauchschnitt, machen – ohne Betäubung; zwei Revolver auf den angenehm berührten Arzt gerichtet. Ein kräftiger Freund hilft.

Dieser Raubritter Bartoli nimmt Geiseln und Lösegeld. Belästigt schließlich den englischen Konsul, den italienischen – das ist zu viel; da rüstet Paris den

Feldzug. Der maître du maquis bleibt jedoch unfangbar.

Nachher half eine List. Er biss auf ein junges Mädchen an, das man aus Toulon hatte kommen lassen. Bildhübsch, und hieß Yaya. Im Auto, mit ihr, macht man ihn von hinten still. Wer, bleibt verborgen. So wurde Joseph Bartoli jung das Opfer seines anstrengenden Berufs. Er besaß einen Onkel, der Geistlicher war. Dieser starb in Dezember – und bat, als letzten Wunsch, auf dem Totenbett: Joseph müsse gerächt werden. Ein Familienkorse.

XIX.

Nun bleibt nur einer: Romanetti. Der Beste. Sein Bild liegt vor mir. Kaum mittelgroß; muskulös; dichter Schnurrbart. Strapazierjacke von Plüsch. Wolfshund.

In den Augen aber, bei aller Männlichkeit, etwas Bekümmertes. Und Gewinnendes. Er arbeitet mit einem deutschen Maschinengewehr. Wie kam er zu dem Handwerk?

XX.

Romanetti sticht bei der Wahl als grünes Jungchen einen Clangegner in den Kopf. Dreiviertel Jahre Gefängnis. Er wird nachher gutbürgerlich Schlächter in Calcatoggio. Streit um eine Kuh. Aus verletztem Ehrgefühl endigt er den Besitzer. Vogelfrei.

Unter den Hirten gibt ihm die Familie Leca – mit Antoinette! – ein Obdach. Weltkrieg: Romanetti lässt fremde Herden melken, wird Milchlieferant, hat vier Autos, fünf Frauen, hunderttausend francs Rente, schrankenlose Macht. Setzt Bürgermeister ab und ein. Schiedsmann für das Volk, hilfshurtig, gerecht. Ein Räuber? schon mehr ein Raubunternehmer.

Nächtens um zwei Uhr, als er bei Sturm ausreitet, erlegt ihn ein alter Hirt – dessen Vetter er mal beleidigt hat. (Außerdem gegen bar.) Fünftausend folgen seinem Sarg. Dem Hüter der großen korsischen Überlieferung. Sein Gedächtnis lebt.

XXI.

Hier endet ein Blatt aus dem korsischen Tagebuch. Ich denke wehmütig noch einmal an diese Aufrechten. Bartoli, Bornea, Perfetti, Caviglioli, Romanetti – die dahingegangenen praktischen Heimatkünstler.

Und an Spada, den einzig frei Überlebenden.

XXII.

Ob er mich kapert? Kommt er?

Er kommt nicht; der kleine Faulpelz. An mir lag es kaum.

Der Hund bringt mich um eine kultivierte Zukunft.

Der Menschenschlag

I.

Mit jedem Vorbehalt … Auf keinen Fall wird eine Gruppe hier abgestempelt. Und auf gar keinen erfolgt Rassengaunerei – nach der Betrügervorschrift: sich knallig herauszustreichen auf Grund der besten Proben … und andre herabzusetzen auf Grund ihrer schlechtesten.

Zu bewerten bleibt eine Gruppe … nicht nach dem, was man aus der Tiefe des Gemüts über sie schwatzt: sondern nach dem, was sie wirklich an Ethos und an

Leistung in die Welt gesetzt hat. (Schon Ethos ist Leistung in dieser Raubtierwelt.)

Wie sind, hiernach, die Korsen?

II.

Ich weiß es nicht. Ehrlicherweise kann jemand nur äußern: was ihm schien. Und was andre versichern. Das schönste Pseudonym für anständige Schriftsteller heißt: Pontius Pilatus.

Ich bitte jeden Korsen um Verzeihung, wenn ich ihn zu günstig schildere.

(Man misstraue somit der folgenden Feststellung. Nur dem Gefühl des Feststellers nicht.)

III.

– –

Korsika besteht aus Bergnestern (oft mit hochstöckigen Hausungen). Und aus Meernestern (oft mit Hüttenhöhlen – als Wohnunterkunft). Und aus Eukalypten, Forellen, Blumen, Langusten, Ölwäldern, Weinstöcken, Ziegenkäse … samt Menschen, die zu Fremden ruhevoll-gefällig, untereinander hassend-leidenschaftlich sind.

Ihr Land ist eine Mischung von Himmel, Felsen und apéritifs. Es macht das Dasein angenehm.

IV.

In Ponteleccia, einer Ortschaft am Kreuzweg, soll das Essen besonders schlecht sein. Wirklich gab es zu Mittag Forellen, in Öl gebacken; dann cabri, in Wein gekocht (cabri: Zicklein); Fenchelgemüs; Roquefortkäse; Mandeln; und unberechneten Landwein … für wenig Geld.

Also wie muss da der Charakter eines Volks entarten – was? Wie verweichlichen.

V.

Er ist jedoch zufällig steinhart. Am besten schieb ich's auf das Felsgebirg. (Taine, welcher den Charakter aus der Umwelt erdeutet, hieß mit Vornamen Hippolyt – das klingt wie: Hyperliterat.) Korsen sind jedenfalls kleingewachsene Menschen, gewandt, ehrlich. Unscheinbare Kavaliere; hilfreich ohne Hermachen. Furchtlos-tapfer; geborene Soldaten, gesucht als Beamte. Jedoch allerdings …

VI.

Allerdings nehmen sie gern Geld … bei Wahlen. Etwas peinlich. Der Clan oder die Sippe zahlt für drei maßgebende Stimmen bis zu 70 000 francs. Die Wahl bleibt ihre Hauptleidenschaft. Sie holen Wähler selbst aus Afrika.

Schon als blutjunger Zwanziger ließ Napoleon Wähler der korsischen Gegenpartei wegschnappen, einsperren, ein Urkorse – das ist weniger bekannt. Als Leutnant in den Ferien. (Daher die lebenslange Feindschaft der Grafen Pozzo di Borgo wider ihn … durch drei Geschlechter.)

VII.

Ein Wahlabend in Ajaccio – ich habe das erlebt. Tobsüchtig waren sie. Rottungen massenhaft in diesem zaubervollen Landstädtchen an Fels und See. Zahlen, fiebrig genannt; geschrien. Revolverschüsse, hoch in die Luft, immerfort, immerfort.

Am nächsten Tage sah man den Sieger, Horace de Carbuccia, von tausend Anhängern Arm in Arm durch die Straßen geschleppt, er allein barhaupt. (Dieser Abgeordnete schrieb das Stück »Der Prozess Mary Dugan« –

er hat, sagt man mir, für die Wahl was springen lassen.) Selig strahlte der Rundkopf des Geschleiften und Lachend-Erschöpften …

Das war ein Fest in Ajaccio.

VIII.

Verrücktes Völkchen – aber nobel. (Mit Webefehlern, wie gesagt.) Jeder heischt kameradschaftliche Behandlung. Jeder ist jedem gleich. Sie scheinen in aller Tapferkeit sanft. Sie helfen, frei von Aufgedräng. Einfachruhige Haltung. Samaritterlich – möcht' man sprechen.

In der Knabenzeit las ich »Matteo Falcone, der Korse« von Chamisso. Ein Vater schießt sein Kind am »schwarzen Stein« tot. Weil der Junge zum Verrat sich durch eine Taschenuhr bestechen ließ. Vater: ehrkitzlig; Sohn: zugänglich … Vielleicht steckt Korsika, beide Charakterarten, in diesem Gedicht.

IX.

Sie sehn aus wie ein Volk von (meist dunklen) Transportarbeitern. Sehr arm sind sie. Wenn einer was wird, vielleicht ein großer Advokat in Paris wie Campinchi, wie Moro Giaferri: dann hat der Clan Geld zusammengelegt, es ihn werden zu lassen … das erzählt mir, fast andächtig, ein junger Mensch.

Der Boden ist hart für Nützliches. (Nur für Überschüssiges wunderbar.) Was kitzeln sie heraus? Bisschen Seide; bisschen Zedersaft; bisschen Tabak, Wolle, Kastanienpolenta; bisschen Leder – jedoch die Einfuhr macht auch dies halb tot.

Reiches Korsika, arme Korsen.

Was muss die Folge sein?

X.

Ein Korse, der zeitweilig in Toulon wohnt und (wie jeder Korse) das Eiland stets wieder besucht, sagt mir: »Zwischen achtzehn und fünfzig gehn sie weg von der Insel, ihr Brot zu verdienen (in Frankreich, oft in Südamerika), dann kommen sie heim und sterben hier.« (Man denkt: wie der Grieche, der heut irgendwo Millionär wird, aber in Griechenland endet.)

Ich frage dann: »Wie sprechen Sie zu Haus? Sie leben in Toulon seit Jahren, sind jetzt auf Urlaub in dem Bergnest; sprechen Sie nun korsisch oder französisch?«

Er: »Sobald wir in guter Stimmung sind, korsisch.« Ich: »Bei uns, in Schleswig-Holstein, wird auch eine Mundart geredet. Eine herrliche. Wenn da jemand zu Besuch kommt, vielleicht eine längst verheiratete Tochter aus der Hauptstadt, verlangt ihr Vater, dass sie das schöne Platt in der Familie spricht; ist das bei Ihnen auch so?«

Er: »Es wird nicht grade verlangt – aber wenn wir fröhlich sind, sprechen wir von selber korsisch.«

… Was ist korsisch?

XI.

Die Sprache, die Napoleon lebenslang nicht loswurde. Die seine Mutter Letizia nur im feierlichen Augenblick mit falschem Italienisch vertauschte.

Der Schuster im Felsdorf Evisa, dem ich den geplatzten Stiefel gab, verstand kein Wort Französisch. Der erste-beste Dolmetsch zu Hilfe! (Das halbe Dorf stand herum.)

Die Gebildeten drücken sich französisch aus. Oft ist es Niggerfranzösisch.

Als ich einen ansprach, politischen Straßenredner mit Krawatte (es war im Nachtdunkel, das nur durch Licht von einem »tabac« durchbrochen blieb): da antwortet er zwar französisch, doch in einer silbenpurzelnden Art; in einem Geknatter; in einer rasenden Gebrochenheit. Schwer zu folgen. Kaum zu erfassen.

So sprach in Brienne, vielleicht noch in Paris, der kleine Weltumkrempler aus diesem Örtchen.

XII.

Ich lese Namen auf Schildern. Florindo Magnavecca. Lucchini. Passano. Jerome Peri. Santandrea. Martinucci. Bataglini ... Lauter Franzosen.

Im Geschäft sagt beim Zahlen eine alte Frau nicht »merci«, sondern statt »grazie«, in Fettitalienisch »grassie«. So sprach Letizia.

Die Greisin im Geschäft würde jedoch wüten, wenn man ihr Franzosentum bestritte. Sie wollen Franzosen sein. (Das zeugt für Frankreich.)

Sie sprechen halbitalienisch und missachten die Italiener. (Heirat mit Sarden gibt es allenfalls im sanften Bonifacio – das vom Puffhotel gekrönt ist.)

XIII.

Weltgeschichte! Vor anderthalb Jahrhunderten vergoss der Korse sein Blut aus Hass gegen Frankreich. Heut (eine junge Korsin erzählt es lächelnd) wird ein Landsmann bei der Ankunft im Café gefragt: »Woher kommst du?«; er sagt zerstreut: »Aus Frankreich«; da fallen sie fast über ihn her, ihn abzukehlen – und schreien wild: »Korsika ist Frankreich!« Er hatte zu sagen: »Ich komme vom Festland ... je viens du continent.« (Sie sagen fortwährend: du continent.)

Die Korsen sind heut in Wahrheit nicht nur gute, sondern leidenschaftliche Franzosen. Es kommt auf die Behandlung an.

(Warum blieben die sprachverwandten Dänen um keine Welt bei uns? Vielleicht ist politisch da was zu lernen.)

XIV.

Als Kulturbolschewist füg' ich eine Beobachtung bei.

In Korsika machen Hunde sozusagen den Gastgeber. Knurren tun sie nicht – das fiel mir auf. Im Gegenteil. Alle Hunde sind hier so freundlich. Alle Katzen so zutraulich. Und alle Lazerten beeilen sich nicht. Das lässt einen Schluss auf die Korsen zu.

Einmal, bei dem morgendlich-schimmernden Anwesen »Scudo«, an goldenen Seeklippen, begleiten uns freundwillig drei Köterle. Mit hängenden Ohren alle drei. Der eine lässt und lässt sich nicht heimschicken. (So wie, vor anderthalb Jahren, in einer Ortschaft namens Roquebrune, der Hund Poum jeden Morgen gewartet, jeden Morgen jemand an die See begleitet hat.)

Warum rennen bei uns alle Katzen weg? hä?

XV.

Sachlichkeit zwingt zu sagen, dass Berlin bestimmt sauberer ist als Korsika. Begründung: Augenschein. Wonne der Heimkehr, wenn man aufs … Genug.

XVI.

Ja, das ist schlimm. Die Hochzeit von Sonne mit Sauberkeit bleibt ein Ziel in Südeuropa. Gut genährt und gut beherbergt – das ist zweierlei.

Elektrizität versprechen hier die Abgeordneten vor

der Wahl. Doch mit einer Funze steigt man zu oft ins umhüpfte Bett.

Nur in großen Orten europäische Hotels.

XVII.

Eine Französin (aus Avignon auf die Insel verpflanzt) sagt mir: »Korsen sind Wilde! Sehr schön, wenn man zum Studium, zum Vergnügen durchreist. Aber hier wohnen! aber hier leben! schauerlich! ils ont une mentalité spéciale – etwas lütütü. Sie lieben keine Fremden, sind aber trotzdem gastfrei.« (Ich fand sie zu Fremden unanfechtbar.)

Sie fährt fort: »Als der Campinchi hier gewählt worden ist, hat er eine Million … verstreut, na!«

Es war in der schönsten Zuckerbäckerei oder pâtisserie von Bastia.

XVIII.

Dies Fräulein: eine Südfranzösin. Nun gar eine von Nordfrankreich auf die Insel verschlagen – die flüstert: »Ah, ces cochons! sie schütten den Unrat, und so, einfach aus dem Fenster. In den Hof die Reste vom Tisch. Dann kommen die Ratten. Nämlich Katzen und Ratten fressen zugleich an demselben Abfall – ah, ces cochons!«

Ich habe jedoch derlei nie gesehen. Dachte höchstens: so ging es bei Bonapartes in Corte zu. Bei alten Patriziern. Sie gossen vielleicht auch manches aus dem Fenster.

XIX.

Jeder Korse, wie gesagt, hängt an der Insel. So viel Rassen: eine, eine Heimat. Schwindeln lässt sich hier nicht – bei der Tatsache: Sarazenen, Phönizier, Mauren, Griechen, Berber usw.

Drumont, der verstorbene Rassenbold von Frankreich, erklärt Napoleon für einen Semiten. Aber die Frauen von Korsika ließ er sich entgehen – obschon sie verdächtig als Klageweiber sind, bei Todesfällen. Sie murmeln die Sterbegebete; pendeln dabei mit dem Oberleib, gleich Hebräern im Gotteshaus.

Schön. Doch Anpeitscherinnen sind sie auch zur Blutrache. An die germanische Wagenburg denkt man. Da soll einer sich auskennen. Mein Name ist Pilatus.

XX.

Es gibt für die Wesenheit einer Menschengruppe … Vermutungen. Und Eindrücke – von Menschen, die man trifft. Meine waren auf Korsika nie schlecht.

Bis auf einen kleinen Umstand bei den Wahlen: Widerspruch zwischen Hochgemutsein und Schwachwerden … solche Mischungen gibt es also.

Abends in Bastia sagt mir ein Korse schmunzelnd: »Wir Korsen haben einen schlechten Ruf.«

Nicht bei mir.

Die Luft um Ajaccio

I.

Blaueste Holdbucht … mit sinkender Gebirgskette. Schöner als alle Flut bei Nizza.

Die Bucht sah er täglich: dieser neunjährige, kleingewachsne Lümmel mit einem zu großen, daher pendelnden Kopf – auf den seine Mutter Letizia zwischendurch Ohrfeigen pflanzte. Sie hat es erzählt … als er tot war.

Als ihr Junge schon der Welt, die er um einiges verändert hatte, längst entrückt blieb, ein Würmerfraß. Da hat sie erinnerungsvoll das von den Backpfeifen erzählt.

Blaueste Holdbucht mit sinkender Gebirgskette.

II.

Jedoch ganz nah (dies Eiland hegt alle Gattungen Landschaft; alle Gegensätze) – ganz nah, gleich im Gebirge nach Bonifacio zu, weht, faucht, pfeift es: von barschem Buchs und herbem Harz … durch schroffe, steilheroische Lüfte.

Gleich ist alles frech; gewalttätig. Die Unbändigkeit der Insel, verrufen und hochgeschätzt, hauste von je hier.

Als Letizias Kind (mit zwei Jahren erst) getauft wurde, hat es wild auf den Priester und auf die Gäste losgeschlagen. Die korsischen Männer zählen seinen Stamm zu den Wurzelwilden aus diesem »Pomonte« – das ist: die Hinterberglerei.

Unten aber: Blaueste Holdbucht mit sinkender Gebirgskette.

III.

Ich will Natur schildern – und komme, solang man in Ajaccio bleibt, immer auf dies großköpfige Kind. Ob man will oder nicht. Ich fand mich stets wieder vor seinem Elternhaus.

In Erz, als Imperator gewandet, blickt er auf die See – unweit davon. (Seine vier Brüder, Joseph, Lucien, Louis, Jerome, am Sockel.)

Dann, auf dem kleineren Palmenplatz, steht er nochmals. In Marmor. Erster Konsul; antik. Vier Löwen umringen ihn besser als vier Brüder.

IV.

Aber ich will ja Natur schildern.

Nicht Nordafrika, nicht Kalifornien: dies schwimmende Land ist der Traum.

Ich bin vormittags ein Stück hinausgegangen aus dem schlechtweg einzigen Meerstädtle. Wandernd wird haltgemacht vor etwas lächerlich Blauem. Die Nase feiert ein Jugendfest: es riecht hier nicht bloß nach Salz, Sonne, See, Süden – zugleich so gebirgsfrisch und baumwächsern, wie es, am Lebensbeginn, in der Grafschaft Glatz roch, um Langenau, Reinerz, Landeck im Juni. Man wird besänftigt (und beseligt).

Dabei gelbe Klippstrecken; hellbraune Felsbrocken – in das Blau-Blaue planschend.

Ich lese. Links die kleine Stadt … Neben mir ein Rupfgeräusch.

V.

Stücker zwölf Kühe, die hirtenlos umhergehn (ich sah sie schon in Ajaccio vor dem Gymnasium), sind langsam hierher nachgetrottet.

Die eine berührt mich mit der Flanke, ganz ungestört. Ohne Kenntnis von Hemmungen. Sie schubst mich fast vom Sitz, rupft weiter … nach einer sonderlichen Leckerei in dem Seegepflänz. Und jetzt –

Jetzt ist man umringt von rupfenden, treuherzigen, hemmungslosen, arglosen, bedenkenfreien, freundlich rupfenden, rupfenden Kühen. (Was hat Napoleon schon erreicht! nie Zeit gehabt; vier Millionen Menschen gekillt; ist das ein Beruf? bloß vielleicht auf Sankt Helena kam er, dort erst, grade dort, zu einem menschenwerten Dasein: zum Besinnlichen … Er hatte nicht Zeit, die Welt kennenzulernen, da er sie verändern musste. Das ist es: er hatte nicht Zeit, die Welt kennenzulernen, da er sie verändern musste.)

VI.

Doch als die Kühe – nun, vielleicht über mich, was? – dicht an das gelbe Gebrock vor der Blauheit stiefeln: da kommt ein älterer Herr, der das nicht mehr mitansehen kann; und grunzt ein paarmal nur ziemlich leise; das verstehen sie und kehren folgsam um, über mich weg … Es ist jedoch alles ein freundlicher Vorgang und voll guten Willens.

Dies vollzog sich, während ein Schmetterling, weiß und schwarz, über das beglitzerte Waschblau hin, sich von der drübigen, oben etwas gezackten Kette des Gebirgs mittäglich abhob.

Man preise niemand glücklich vor seinem Tode. Doch eine Weile vorher darf man es.

VII.

Immerzu riecht es jetzt wie aus einer wehenden, fliegenden, quellenden Luftgartenwildnis.

Dies ist (nämlich Korsika) das noch nicht verlorengegangene Paradies. Jegliche »Riviera« bleibt ein Hund dagegen.

Seit ich über Spanien schrieb, ist Spanien von Deutschen überreist, übergrast, überhupt. Auch dies Korsika wird in zwanzig Jahren gekämmter sein. Heute nur, heut noch bist du so schön – sang Storm (-Husum); ein unmodischer, doch edler Freund. (Im selben Augenblick sag' ich mir: »Auch Husum ist ja herrlich, nur anders« … Es gibt so viel Herrliches, ich kann mir nicht helfen, trotz der Zeitbelästigung durch kitschige Knoten.)

VIII.

Blaugolden angestrichne See. Räkelnde Felszungen. Hellbraun leuchtende Steinglieder, schwimmend. Gelbweiße Schrotkörner statt Sand am Strand.

»Ariadne!« … das ist kein Weibstück, das ist keine Musik (doch, eine Musik!) – das ist ein Küstenfleck auf der Insel; dort kannst du schwer die Augen öffnen, so viel schläfernder Glanz fährt ein; und so viel Grün, mit Feigenbäumen und Kakteen. (»Feigen sprießen auf dem Kaktus« singt ein, hier taktvoll ungenannter Poet, Verlag S. Fischer, Bülowstraße 90, eine Treppe, Bürohaus, Auslieferung links, vierte Auflage, nein, der Name des Dichters bleibt und bleibt verschwiegen, Wiederverkäufer Rabatt, der Band heißt »Die Harfe« und geht unverständlicherweise nicht genug) – wollte sagen: »Feigen sprießen auf dem Kaktus«; bei hängendem Ginster und besoffen duftender Mimose.

Nebenher allemal Weißblühendes … auf dem harten Busch: genannt »désespoir du paysan«, Verzweiflung des Landmanns; – (wie wir fluchend, für was andres, sagen: die Wasserpest).

IX.

… Mittelmeer!

Von dort ging ich mal aus – bevor einen der Schicksalswind nach dem (auch sehr lieblichen) Schlesien trug.

Ehe man jedoch am Ufer des Mittelmeers hauste, wo es am heiligsten, am feierlichsten ist, schwamm ich, hundert Jahrtausende lang, drin, drin, drin rum.

Bis ich auf den Baum klettern lernte. Ich ruderte zuvor tief im Palmtang unter Leuchtfischen; war ein Meertier – und machte mich lustig über schnappende Haie, die wichtig taten und dumm blieben und roh … und sich allerdings an Zahl mehrten wie das leere Kaninchengeschlecht am festen Land.

Dies meine hunderttausend Wasserjahre. Kühlflitzjahre. Wendigkeitsjahre. Mittelmeerige Flutjahre. Und hier setzten sie sich fort, 1932, im Bezirk oder Gouvernement Aschakssioh (so sprechen die Landfranzosen es aus – indes der Korse, gleich uns, Ajatschio sagt). Es ist aber des Glückes hier kein Ende. War ja ein Wiedersehn.

Nach, jetzt unter Brüdern, zween Jahrtausenden – seit man, schon etwas bekleidet, an diesen blauen Küsten herumstrich, atta-atta, und beim Gruß noch was Kehlsprachiges, Lieblich-Starkes äußerte. Hernach erst lernte man, statt solcher Ausdrücke, den freundlichen Ruf: »Mojen Mojen!« (Im bayrischen Gau zweckmäßig gewandelt in »Muagen! Muagen!«.)

Dies über Korsika.

X.

Der Wein, so hier wächst (und sich mir nicht entziehn konnte!) ist beispielshalber »Fior di macchia«; vino nostrano, heuriger-feuriger. Oder: »Castello di Forcina«, ein rosa Trank aus dem Binnenteil. Es gibt aber auch »rosé sucré«, der hält noch den süßen Traubengeschmack, ist nur angegoren; er stammt vom gebirgigen Ota. Mundlich der rosa »Patrimoine«. Weiß ähnelt er trockenaltem Ungar … manchmal schon einem Sherry. Während der Wein »Cap Corse« an griechisch-ungeharzten erinnert: mit edler Bitternis und feiner Fäule. Moscato, prickelnd, kommt bloß für Frauen in Betracht.

(Von Essbarem sei nochmals der Käse broccio gestreift. Broccio ist: die Ziege an sich. Und das auch noch mit Zucker.)

XI.

Perlmuttmuschelchen, veilchenhaft versteckt, leuchten am korsischen Mittelmeer. Die großen traf ich im Stillen Ozean, bei der Insel Santa Catalina. Die korsischperlmutternen sind wie ein halbes Fünfmarkstück … reizend-kindhaft.

Liebe Hände fügten sie zum Halskettlein – für ein Mädelchen in Deutschland.

XII.

Jetzt, was ist das? Ja, wie stark Myrte duftet, war mir unbekannt vor Korsika. Das Amselgetier frisst goldnen Ginster und solche Myrte. Die Korsen fressen wiederum die Amseln. Wecken sie ein wie Gänseleber. Dass es zumal für die Fremden ist, merkt ein Esel.

Ein solcher, am Meer angepflockt, weidete zehn gute Schritt von den Perlmuttmuscheln … mit einem Blick auf die »Iles sanguinaires« oder Blutinseln.

Die Südwelt lag mittäglich.

XIII.

Im Umkreis von Ajaccio gibt es: Übernachtigallen tausendunddrei. Die Vogelarten äußern sich sehr durcheinander. Mit Gepiep, Gezwitsch, zükühh, gurre, prrp, tjutjutju, pühh-pie, pfütju- und tiehuit-tiehuit.

Krise? Wem piepen Sie das, Herr Nachtigallerich? Kann Sie ja verstehn: überall heut dieselbe Geschichte! Nu ja. Wem trällern, wem zirpen, wem rollern Sie das!

XIV.

Erholsam ist Korsika schwerlich. Das Klima, so scheint's, macht schlapp.

Einen hat es nicht schlapp gemacht.

Und wo die Schiffe bei Gummibäumen, Platanen, Palmen anlegen – dieser Golf, unsterblich an Schönheit, zwischendurch mit einem Gramm Schnee auf der linden Südkette: jeden Tag hat er das gesehn. Der Großkopfete mit den Tachteln.

Das Elternpaar, samt vielen Kindern, hat gleich um die Ecke gewohnt; arm wie eine Kirchenmaus.

Man denkt oft an ihn. Öfter ist man hier nachdenklich aus andrem Grund.

Warum?

Weil Korsika, trotz allem, trotz Krise, Krach und Nachkrieg, eine glückliche Insel bleibt.

Und weil heute das Land, in dem ich zuhaus bin, ein unglückliches Land ist.

Der zweite Sohn von dreizehn Kindern

»Eine Insel heißt Korsika,
Napoleon ist geboren da.
Er hat als Krieger tapfer gerungen
Und sich so emporgeschwungen
Bis zum französischen Kaiser.
Wenn Rat teuer – war er des Volkes Weiser.«

I.

Dies urkomische, schafsdumme Gedicht, vor der Kenntnis des Schreibens von einem Kind verfasst, zeigt nur: wie selbst auf ein frühstufiges Hirn die Vorstellung dieser Gestalt mit einem Schlage bannend wirkt.

Er lässt einen auf Korsika erst recht nicht los. Auch wenn man sein irdisches Gastspiel missbilligen will, nein, nur ablehn…, nein, man will es nicht ablehnen; sondern begeistert verfluchen.

Das ist es: begeistert verfluchen.

II.

Ich habe die Stätten seiner Kindheit durchstöbert; den Eindruck seiner Eindrücke gesucht.

»Napoleone« soll »Wüstenlöwe« heißen. So nannte man, las ich, immer den zweiten Sohn in dieser »alten Familie«.

Es scheint, dass alle zur gleichen Zeit lebenden Familien gleich alt sind. Vielleicht aber doch nicht. Kriegerische Familien scheinen mir dann grad jüngere Familien zu sein: weil sie später von den Bäumen kletterten. Napoleon stammt somit aus einer jüngeren Familie.

Mit unzuverlässigem Einschlag vom Vater her – der ein Süffel, Spieler, Vergeuder, Dicktuer, auch Eiertänzer, Ränkeschmied, Wendekopf bei lebenslänglichem Dalles war.

Dazu Mutters Vorfahren – in deren Bezirk Raubritterliches als Erwerbszweig für Strebsame galt. Eine jüngere Familie.

III.

Die Bonapartes waren Kleinstädter. Napoleon mit ewiger Ungelenkheit; später mit einstudiertem Knallprunk. Die Schwestern (darunter die süße Pauline-Paoletta, die mit dem Marktkorb in Marseille einholen ging, als die Familie von empörten Korsen aus Korsika verjagt war) … diese Schwestern protzten gleich nach dem Aufstieg in edelsteinträchtigen Kleidern. Fünfzehntausend Franken jedes – für Töchter aus diesem Kaff.

Die Mutter, Witwe mit acht überlebenden Kindern, das tapfre, wert- und wundervolle Haupt dieser erfolgreichsten Hochstaplerfamilie, wusch noch in Antibes die Wäsche der Mädels im Fluss.

Als Kaiserliche Hoheit Mutter hat sie Geld sparsam auf die Seite gebracht. Sie warnte ja stets: der Junge mit seiner Übertriebenheit hört nicht auf; der wird zu weit gehn; in jedem Fall: was auf die hohe Kante! Man aast hier eh mit dem Gänseschmalz … fand sie.

IV.

Kleinstädter. In diesem schlichten Haus, gegenüber von der Palme, haben sie gewohnt. Aber das in Corte war noch ruppiger.

Das in Ajaccio vormals auch. Was ich sah, ist hintendrein hergerichtet, als der Leutnant plötzlich General war. Die Korsen hatten das Haus wegen Meinungsverschiedenheiten etwas angezündet.

Jetzt, als ihr Landsmann die Lombardei genommen, die Pyramiden gestreichelt hatte: jetzt konnte die korsische Mutter, Signora Letizia, hochgeehrt nach Ajaccio zurücksiedeln.

Sie bestellt sogleich tatkräftig »dreitausend Dachziegel«, Tapeten, Stühle, Vorhänge. Baldigst aus Marseille.

Der gebesserte Familiensitz ist immer noch kein Palazzo. Steinerne Wohnung. Mittelgeräumiges Italienerhaus. Halbgroße Zimmer – und ein abgesparter Empfangsraum.

Die Falltür (der Leutnant entkam durch sie korsischen Verfolgern), gilt hier als ein Stück der Einrichtung.

V.

In Letizias Zimmer steht noch ihr Holzbett. Auch der Diwan, auf dem sie unvermutet entbunden hat – von da guckte der kleine Napoleon zuerst in die Welt. Der Zarte mit dem zu großen Wackelkopf.

Erwähnt ist schon, dass er vor dem kirchlichen Taufbecken Wut schnob, die Anwesenden prügelte. (Dies Kind hat später den Papst von Gefängnis zu Gefängnis geschleppt. Aber den Katholizismus wieder eingeführt.)

VI.

Stets aufs Neue ging ich in dies Kathedralchen. Es ist von treuherziger, dunkelbunter Hoheit. Darin haben sie (lange nach dem Prügelvorgang; das Kind hatte seinen Weg beendet und sein Atmen) eine Tafel angenietet mit Worten aus Sankt Helena: »Sollte man meinen Leichnam ächten, wie man mich im Leben geächtet hat: so will ich in der Kathedrale von Ajaccio bestattet sein bei meinen Ahnen.«

(Hat sich was … mit die Ahnen!)

VII.

In dem Kathedralchen wurde Letizia von Leibschmerz erfasst; es ging los; das Haus lag nicht weit, zum Glück. Ich bin den kurzen Weg oft gegangen. Der Tragstuhl, den man holte, wird noch gezeigt.

Wenn dieser Tragstuhl (dacht' ich) umgefallen wäre? Wenn es eine Fehlgeburt gab? Sähe die Welt anders aus?

VIII.

Doch. Die große Revolution wäre von den grauen Umliegern erstickt worden. Sie hätten den Francobolschewismus früh gelöscht. So aber drang von seinem Feuer immerhin einiges über den knechtischen Erdball.

Was dies Kind darüber hinaus getan hat, war ein großer Schwindel. Dennoch: fern von spießignazarenelnder Heuchelei.

Ein gewittriger, fruchtbarer Weltschwindel.

IX.

Wäre der Tragstuhl hier, zwischen Haus und Bethaus, umgestürzt: so hätten Monarchen (in andrem Sinn!) ein Genie nicht allegemacht. Ich meine: durch ihr schlechtes Beispiel … indem auch er Monarch wurde. Der Kleinstädter mit dem Klaps – der die gekrönten Affen äffte.

Dennoch (dacht' ich) bleibt es hübsch, dass er die Affen zugleich gekirrt, zerlarvt, entblößt, durchlichtet hat in ihrem selbstischen Tiefstand, ihrer flennenden Feigheit, ihrem feilen Verrätersinn.

(Besser ist schon, dass der Tragstuhl nicht kippte.)

X.

Die Bonapartes waren in Ajaccio eine gehobenzweitklassige Familie. Neben der Wohnung besaßen sie draußen an der See eine Sommerbude. Traumphantastisch gelegen. Arbeitsort für den Leutnant auf Urlaub. Heut hausen Hirten darin. Zu diesem Fleck ritt, mit seinem Generalstab, das Kind nach der Heimkehr von Ägypten. Er zeigte das alles den Gefährten mit korsischem Stolz. Zum Grottenfels am Casone ritten sie auch. Ihn hat neuerdings der Parfumeur Coty mit Figuren geschmückt (der übrigens ein »erwachendes« Mistblatt, »L'Eveil de la Corse« bezahlt; es müfft gegen Deutschland und Nordamerika).

Das vertriebene, heimgekehrte Kind war, schon mit achtundzwanzig Jahren, Herr eines Reiches; eines Erdteils.

XI.

Letizia hatte das Kind hier verwalkt, wenn es Feigen mauste; wenn es die Großmutter »Hexe« hieß; wenn es in der Volksschule tobsüchtig war. (Die Nonnen von Ajaccio nannten jedoch später das Büblein den Mathematiker.)

Letizia hatte vormals in dieser Stadtwohnung Matratzen für die Parteigänger des Leutnants gebreitet – im korsischen Bürgerzwist. Letizia hatte, noch als der leichtsinnige Hund von Gemahl am Leben war, für alle Kinder (dazu kam ihr geliebter kleiner Halbbruder Fesch, der spätere Kardinal) … sie hatte streng alles eingeteilt. Fast klösterlich, sagt ein Bericht. Beten, schlafen, robotten, spazieren gehn – nach der Uhr. Kleinstädtisch, ernst, gradherzig. Der Sohn hat in dieser Zucht arbeiten gelernt.

XII.

Bevor er den Staatsstreich macht (mit Hilfe des jüngeren Lucien; es bleibt eine Hochstaplerfamilie), geht sie von Korsika zum zweiten Mal weg.

Zum letzten Mal. Sie hat Korsika nicht wiedergesehn. Das tapezierte Haus nicht wiedergesehn. Siebenunddreißig Jahre später starb sie. (Nach ihr der weißhaarige Kardinal; das Brüderchen; der in Rom am Krebs verendet.)

Das Weltwerk des zweiten Sohnes war längst zusammengekracht. Er auf dem Felsen gestorben, auf dem Felsen verscharrt. Die Jungens von den Thronen weg.

Kinder, Enkel sah sie bestatten. Sie sitzt in Rom … blind und gelähmt.

An diese Dinge denkt man in Ajaccio – ihrem Ausgangspunkt. An alles denkt man. Wo bin ich hier? Ist das eine Insel? Oder ist es ein ewiges Paradigma der trachtenden, siegreichen, leuchtenden, der geschlagenen, verröchelnden, dahingehenden Menschheit. Des Glanzes und des Stillwerdens. Des Glücks und des Erlöschens. Der Schönheit und des Abschieds. Der Blüten und der Verwesung?

… Ajaccio.

XIII.

In dem kasernenartigen Haus, das der greise Kardinal Fesch hinterlassen hat, sah ich einen Strumpf der leichtgesinnten Josephine. (Damals war derlei vom Zeh bis zur Wade maschig-durchlöchert … dann erst begann der zarte Stoff.) Und einen Handschuh der Mutter: ledern; gelblich-rau; gradezu.

Pfeifenköpfe mit Napoleons Antlitz, Teller, Statuetten … Als Konsul in Marmor ist er von antiker Schönheit. Nur Pauline-Paoletta, Fürstin Borghese, die holde, hinsiechende Schwester, war ebenso schön. (Einst mit dem Marktkorb in Marseille! lang her; sie starb im Jammer.)

XIV.

Als der zweite Sohn auf Sankt Helena nach und nach, aber nicht feststellbar, sozusagen anglikanisch-vorwurfsfrei gemordet wurde; als die Mutter, die ihn fünfzehn Jahre noch überlebt hat, vergessen zu Rom an der Piazza Venezia haust; da will die Blinde nach Korsika heim, dort zu sterben.

Es ging nicht: weil sie mit Kindern und Kindeskindern verbannt war; weil kein Stresemann sich in dem damals logischeren Frankreich fand, ihr die Heimkunft zu ebnen; – obschon das harmlos gewesen wäre.

XV.

Ajaccio lag fern. Sie hat schließlich dem Örtle noch irgendeine Summe vermacht.

Zu Carneto, bei Civitavecchia, wurde sie, ganz unauffällig, beigesetzt. Den Einzug des toten Kindes in den Invalidendom hat sie nicht erlebt.

Später hat man ihren Sarg (auch den des geliebten Halbbruders) noch nach Korsika gebracht.

XVI.

In der unterirdischen Gruft stand ich vor ihrer dunklen, marmornen Leichenschublade. Die Frau des Schuldieners vom »Palais Fesch« leuchtete mit einem Kerzenstumpf. Aus der Finsternis hob sich, mit etwas kleinstädtischem Stolz, die Inschrift: »Maria Letizia Ramolino Bonaparte. Mater regum« … Mutter von Königen.

Das sagt nichts; sie war mehr. Die königlichste Mutter.

Piana

I.

Auf dem Weg nach Piana lag ein merkwürdiger Ort.

Es gibt hier ein griechisches Meerstädtchen: Cargese. Das guckt erhöht über den schwermütigschönen Sagone-Golf. (Korsika wird von Golfen belästigt – oder umschmiegt und umküsst.)

II.

Vor einem Vierteljahrtausend kamen achthundert entrüstete Griechen hier an. Mit Erlaubnis der Republik Genua.

Sie waren von den Türken bedrückt. Genua wiederum bedrückte die Korsen. Die Korsen, ihrerseits, bedrückten die Flüchtlinge. (Erdgeschichtlicher Ausschnitt.)

Das rege Korsenvölkchen zündete die Hellenenschar zu wiederholten Malen an. Die hielt aber durch. Und noch heute predigt ihr Geistlicher in griechischem Laut.

III.

Nun, schön; lasst ihn. Aber sieh da: zwei berückende Turmkuppelchen – sie kosen das Auge … Gelb. Unter dem gelben Rand so was, weißt du, reizend Achteckiges oder Sechseckiges. Erst unter dem Achteck das Würdig-Steile. (Nennt man das nicht Perpendikularstil? Doch; so heißt es in England.) Dazu drunten der Golf. Es stürmte derart, dass ich in kurzem so blau war wie er.

IV.

Geboten schien somit ein heißer Kaffee; von einem der Argiver, im Häuschen des Artischockengärtleins, langsam gekocht.

Homerisch zog beim Trinken durch das Haupt ein Klang, ein Rhythmus: »Autar epei posios kai edetyos ex eron ento« … So sprach ich sinnend zu dem Wirt. Er antwortete schlagfertig: »Au revoir.«

V.

Nun Piana. Die Sonne sank.

Der Wirt von Piana schmeichelte sich durch eine Languste rasch in die Herzen.

Der Kellner oder Geschäftsführer oder maître d'hôtel, der zwischen den Mahlzeiten eine hübsche Begabung für Schuhputzerei verriet, schubste jeden Fleisch- und Gemüsegang mit einem Messer von der Schüssel vor den Gast – durch die Lüfte.

Zwischendurch rief er wie gehetzt, obwohl nur ein französisches Ehepaar noch dasaß, zur Küche hinein: »Zwei Braten! Deux rôtis, s'vouplaît!«

Nun – lasst ihn … Ein Gericht bestand in diesmal rohen Artischocken (mit Essig und Öl).

VI.

Und nach dem Abendbrot (»autar epei posios« … Genug) sprach der Wirt von Piana: »Ein Onkel dieser Herrschaften aus Paris, die bei mir abgestiegen sind, ist Sonntag zum Abgeordneten für Korsika gewählt worden – erlauben Sie mir, meine Freude durch einige Flaschen moscato auszudrücken.« Er goss jedem Gast von dem süßen Geprickel ein …

Ich hatte noch kaum Atem geschöpft.

VII.

Hernach ließ er durch das Faktotum seine guten Gewehre kommen, fünf Stück, und zwei Revolver. Zeigte sie, zielend, auf ein Knie gesenkt. Er sprach davon, wie man in dieser Berghöhe bei stattfindenden Überfällen zu schützen sei. Doch finden, sprach er, keine statt.

Er äußerte dann, gütigen Herzens, dass er im Krieg, an der italienischen Front, die rohe Blödsinnigkeit einer menschlichen, unmenschlichen Einrichtung tief erkannt habe. Mit abgedroschenen Worten, aber mit sehr empfundenen Worten rief er: »Warum! ... Dieselbe Sonne leuchtet uns allen!«

Ich möchte dem im Verschüttungskrieg etwas wunderlich gewordenen, jedoch so reinen, kurz: anständigen Mann heut (über einen Katzensprung Mittelmeer hin) die Hand reichen.

Dies alles vollzog sich bei Petroleumlicht.

VIII.

Unten lag Porto; oben Piana.

Piana: Gießbachgerausch; Eselgequiek; Lazertenandrang.

Wie es in einem Blumengeschäft auf dem Kurfürstendamm riecht, so riecht es hier immer.

Piana: es weilt oder schwebt über einem Südfjord. Jawohl. Rote Reihen von ins Meer geschobenen Hochfelsrücken. Rote Reihen von ins Meer geschobenen Hochfelsrücken. Lächerlich-linde Meerfelslandschaft.

Höchst schroff; höchst lieblich; höchst still (bis auf die Weideglocken aus dem Abgrund). Höchst friedvoll – ja, man könnte sagen: höchst ewig.

IX.

Piana: die klüftig roten Meerwände klettern höher, höher bis in das topographisch dort zu vermutende Paradies bzw. Eden.

Wenn aber die Sonne gleitfliegt, seewärts, werden die roten Felsketten blau; der Meerhimmel goldenlila. Doch – bitte sehr! – selbst in dieser Bucht herrscht mitnichten etwa bloß Wonne: sondern (du bist in Korsika) Gewaltsames, Ernstes, Finsteres.

Die Losung: schreckenerregend und meerhold. Schreckenerregend und meerhold. (Abstürze gibt es, furchtbar, zwischen dem Rotfelsigen.)

Schauergründe wie dort sah ich nur im Hochland von Judäa – wo der Prophet Jochanaan sich von Heuschrecken salzlos (Gersonkost) ernährt hat.

X.

Diese roten Himmelsfelsen und Tauchfelsen an dem ekelhaft blauen Meer heißen Calanques. Nun gut, was ist ein Name. Morgendlich werden sie übergipfelt von einigem Leuchtschnee auf drüberhinfliegenden Hochbergen – dies freche Weiß vom Schnee wird zudringlich gegen Rot und feuchtes Ultramarin. Die balgen sich. Bei dem Geprügel muss man auch noch blinzeln, vor Blendsonne.

's ja ekelhaft.

XI.

Die Gegend scheint aus vielen Gegenden zusammengeholt. Man denkt etwa: norwegisches Baleholmen plus algerischer Chiffaschlucht nebst Dolomiten in Salzwasser – mit Weltenschwermut samt Erdenglück.

XII.

Drei junge Männer im Dorf (auf einem Mäuerle fußbaumelnd) klagen: »Hier hat man nichts, monsieur – kein cinéma!«

Das Dorf selber ist ein Steindorf. Ein Katzendorf. Ein Huhndorf.

(Huhndorf? So hieß in der heimatlichen Oderstadt

die Fischhändlerin Huhndorf, die stets Fisch zu Festtagen lieferte – man schweift halt immer nach Schlesien. Oder in die Jugend? Wenn es irgendwo schön ist.)

XIII.

Achtung! Feigenbäume wild in einem Meerhochland. Orchideen, Kakteen, Alpenveilchen. Es wachsen hier Lämmer, Schmetterlinge, Ziegen, Käfer, Brunnen – ob der See. Von zwei Eseln ist der Sohn so hoch wie ein Hündlein und frisst am Abgrund. Die Kätzchen, die Kinder, alles nährt, alles erzieht sich von selbst. Blumen an jedem Fels angeklettet. Und Vögel etwa nicht? Rings erschütternde Herrlichkeit.

Einfach ekelhaft.

XIV.

Ja, diese roten Felsen oder Calanques muss man durchwandern; zu Fuß, eines Vormittags – an den man denken wird. Zu der Flut wird man hinabsehn. Als ein seltsamlich gehobener Pilgersmann.

Piana: Südfjord. Mittagsfjord und Abendfjord. Rastfjord.

In der Kinderzeit gab es ein Buch des Titels: »Pharus am Meere des Lebens«. Sollte das hier sein?

XV.

– –

Immerhin: Gegend bleibt was Animalisches … Das Letzte kriegt sie doch nur durch so einen vormals Verschütteten – der altprophetisch ausruft: »Messieursdames, dieselbe Sonne leuchtet uns allen!«

Die Sonne segne und behüte ihn.

Evisa

I.

Dieser widerliche Kerl war ein Belgier. (Hier besteht gegen Belgier kein Hass. Nur um zu sagen, dass er kein Franzose war.) Die Wirtstochter hat ihn gleich an der Sprechart erkannt.

II.

Es kam so. Ich saß in Evisa. Durch den verlassenschönen Hochort im westlichen Korsengebirge ging bloß an manchen Tagen ein Omnibus – der nach Corte, Korsikas Herzpunkt, Leute mitnimmt. Der Omnibus fuhr ein.

Kein Platz … Aber man hätte sich dünn gemacht. Die Insassen stimmten zu. Alles schien bereits …

Da erhob sich das Ekel. Weißhaarig; rotes Generalsgesicht; starre Wutaugen. »Non – je proteste!«

III.

Wir hatten deutsch gesprochen. Ach so. Im Krieg hat er wohl Erfahrungen eindrucksvollen Inhalts gemacht.

Ich: »Kein Franzose wäre so ungefällig wie Sie.« Er (glotzend-starr): »Je prrrotaiaiaiste!!« Und bestand auf seinem Fahr-Schein.

Der Schlag traf ihn nicht … Wie wenig vermag der Wunsch eines Menschen.

IV.

Noch eine Nacht in Evisa? Übrigens reuelos. Der Ort ist herrlich.

Zuvor war halsbrecherisches Bergbuschland abermals durchquert – mit Kegelwundern, Morgenbrunnen, Felstälern. (Da staunt man: in der Mitte zwischen der steinernen Ungeheuerversammlung und einem Fruchtsüden. Bei grausigen Schildwachen, Höllenstürzen ... und wucherndem Wein.)

Dies war der Weg von Piana nach Evisa. Vom Meerfels nicht weit zur Schneegrenze.

Leser! Korsika hat fast alle Regionen.

V.

Was denkst du nun von korsischen Kastanienwäldern hier ... im Mai?

Falsch – sie waren kahl. Eetsch. Da oben ist nur Vorfrühling. Der Grunewald hat einen besseren. Ich dachte: darum übers Mittelmeer? Blattlose Kastanien?

Aber die Gipfelgilde, der Gipfelhaufen, die Gipfelrotte – na!

VI.

- -

Ein Sohn von Evisa, fünfunddreißig, Hirt seiner eigenen Herde, kam nachmittags an den grünen Abgrund; schönste Stelle des Hochdorfs.

Wer dort lagert, weiß nicht genau, ob er bei schwarzen Oliven ruht – oder bei kugligem Ziegenmist. Wird auch gleichgiltig.

Denn das Höhenrudel rings, grätiges Zeug, Kronen, Kuppen, Schilde, Zacken, Hüte, zum Greifen alles nah (und durch ein winziges Dreieck sieht man das Mittelmeer): dies insgesamt ist von einer verwegenen Einsamkeit ... und auch lieblich.

Sehr lieblich ist es. Dazu – man stelle sich vor: die Spitzen, Wände, Kegel haben ebensolche wiederum hinter sich, die gucken manchmal durch. (Aus mit der Landschaft.)

VII.

Also der (nicht unwohlhabende) Korse, mit kurzgeschorenem, dunklem Backenbart, Hirt seines Ziegenschwarms; froh, mit Fremden zu reden; das Auge von unsrem hängenden Fels über den grünbuschigen Abgrund gerichtet – so sprach er zwanglos und ruhevoll:

»Ich könnte, wie mancher in Korsika, ein Geschäftsmann werden; oder ein Beamter auf dem Kontinent. Oder in Marseille ein Viehhändler. Ich könnte zum Beispiel meinen Hof – sehn Sie, da unterhalb – gut verkaufen … und hiervon angenehm leben. Aber, ich würde da nicht mehr so in der Luft sein. Dies ist das Beste. Wozu dann? Hab' ich recht? Abends kommen meine Tiere zurück – beobachten Sie: dort steigen sie grade langsam hoch« (die Herde klomm aus dem Flusstal über die Felsen) – »ich bringe sie jetzt ins Dorf; morgen vor fünf bin ich schon hier, geh' herum, … und immer, immer mein freier Herr!«

Ich: »Sie sind aber doch verheiratet.« (Er lacht.)

VIII.

Nach einer Pause: »Dies Zicklein« (er hielt was Puppiges an dessen Hinterbein mit einer Schnur) – »das kam heute früh zur Welt.«

Ich: »Und die Mutter?«

Er: »Manchmal rennt eine Mutter, die geworfen hat, rappelköpfig auf und davon – sie kommt erst am nächsten Tag zurück; sie rast hinab, zum Fluss.«

Ich: »Ist das etwa die Mutter da drüben, die so zu dem Zicklein määt?« (Sie klommen weiter empor.)

Er: »Nein; das ist eine Mutter, der ich ihr Frischgeborenes neulich wegnahm – sie weiß, dass dieses nicht ihr Kind ist; aber sie weiß, dass es ein verlassenes Kind ist.«

IX.

Dann gingen wir mit den Ziegen (ein andrer, älterer Hirt stieß mit seinen dazu) durch das Abenddorf; durch das Gipfeldorf.

Das »cabri«, oder Zicklein, war die Schnur los. Galoppierte tölpisch-froh hinter einer fremden Ziege – zudringlich. Am Abend seines ersten Tages. Es wusste nicht (wie ich), dass es in vierzehn Tagen geschlachtet wird.

Weiß jemand es von sich? (Und wer weiß es über ihn?)

X.

Der Gasthof, in dem ich hause, heißt »Hôtel de la Spelunca«. Das bedeutet nichts Schlimmes; auch nichts Spaßiges. Der Fluss, der durch das Hochtal schießt, trägt halt geographisch die Bezeichnung Spelunca; da ist nichts zu machen.

Die Wirtstochter: »Wenn mal Deutsche hergekommen sind, haben sie furchtbar gelacht über den Namen des Gasthofs. Sie taten so allerhand Äußerungen … Wir selbst sind übrigens aus der Auvergne …«

XI.

Ich fühlte mich sehr wohl in diesem kleinen Haus – mit seiner schwebenden Sonnenplatte, die Küche daneben, unten die steinernen Dorfhäusel samt Glockenturm … ich fühlte mich sehr wohl.

Zu Tisch gab es den sonderbaren, durch die Natur gezuckerten Rosawein.

XII.

Ein Auto hielt am nächsten Tag. Vier Insassen. Korsischer Steuerinspektor: aus dem Nachbarort Calacuccia. Seine Frau: aus Besançon. Ein Kaufmann: aus Südfrankreich. Dessen Gattin: aus Paris. Alle sehr nett. Sogar herzlich mit uns.

Das Gespräch rutscht gleich in die Politik. Stresemann gilt ihnen als hinterhältig. Warum? »Il s'est payé la tête de Briand« – er habe sich über Briand lustig gemacht. Das beweist, sagen sie, in seinen Denkwürdigkeiten eine Stelle; sei das nicht tückisch?

Ich: »Nein; wir sind nicht tückisch!« (Im Innern, unhörbar: nur manchmal unlogisch, verschwommen, in der Politik; zickzack.) Die vier: »Aber wie soll man da vertrauen? Pauvre France!« Von den Nazis nicht zu reden.

Bei der Kriegsschuld wirft die Wirtstochter ein: »Alle hatten Schuld!« Darauf die Pariser Dame: »Dann sind Sie keine Französin!!«

Die Wirtstochter: »Ah!« (geht hinaus).

XIII.

Die Wirtstochter, ein Mädel von neunzehn, mit nicht besonders hässlichem, jungem Gesicht, sagt mir, als sie weg sind:

»Mein Vater ist im Kriege vergast worden; daran ging er nachher zugrund. Er hat vor dem entsetzlich schweren Sterben manchmal gesagt: j'ai été gazé, nur daher kommt meine Herzkrankheit, und dass ich schon wegmuss.«

Sie weigert sich auf Russland zu schimpfen, was die Autogesellschaft unterbrechungslos tut. In Sachen der Kriegsschuld bleibt sie zäh.

Die Autogesellschaft ist beim Nachtisch für ein Bündnis mit Deutschland.

XIV.

Die zwei Paare fuhren, woher ich kam. Schließlich holte jemand, ein junger Mensch im Dorf, seinen Wagen. Redlicher Preis. Auf nach Calacuccia.

Man überschlage die folgende Landschaft; nein, doch nicht. Was sind schon ein paar Zeilen. Also: durch den Wald von Aitone; durch den Wald von Valdoniello; vor solchen Riesenbuchen, Rieseneichen dacht' ich an den Spessart – wenn er in einem Südmeer schwämme. (Wenn er schwämme.)

Amphitheater von Gipfeln. (Ich höre bald auf.) Unten der Halbmond voll Grün. Unbeschreiblich. (Darum wird es beschrieben.)

XV.

Nun … über das höchste Joch Korsikas. Wer hätte das gedacht: dies Joch ist höher als der Brenner. Col de Vergio. Im Mittelmeer.

(»Mein armer Vater ist vergast worden«, hatte sie gesagt; »alle tragen die Schuld. Ich soll keine Französin sein? voyons!«)

XVI.

Jetzt bloß noch die Schneenachbarschaft! … Dann: gleich verbranntes Gefels. Komisch.

Abwärts, abwärts, Wagentreiber. Grundwärts, zwischendurch empor; lotse mich gen Calacuccia.

Fuhr auch der widerliche Kerl hier entlang? In Corte traf ich ihn.

Calacuccia

I.

Wie schloss das vorige Kapitel? Ja so. Zum Fuhrmann sprach ich: »Lotse mich gen Calacuccia.« Schöner, klarer Nachmittag, als man dort ankam: dicht unter Schneeschroffen, im korsischen Bergdorf.

Wer gerät sonst hierhin? Ein sorgenlos versessener Brite vielleicht, um den Monte Cinto zu machen. (Dies Berglein der Insel ist etwa so hoch wie Deutschlands höchste Zugspitze.)

II.

Auf dem Hochfeld schwarze Bäuerinnen; aber tiefschwarz; vom schwarzen Kopftuch, über das schwarzhängende Gewand, schwarz bis hinunter zum Schuh. (Wie Tintenflecke mitten in was höchst Lichtem.)

Sie hacken auf den Äckern steinigen Grund, unter Schneegraten dunkelgepuppt. Sind sie aus alter Zeit?

III.

Herr Luccantoni, korsischer Steuerdirektor im Ruhestand, hatte mir liebenswürdig ein Kärtchen für die Wirtin des Gasthofs überreicht. Er gehörte zu dem durchreisenden Doppelpaar, neulich in Evisa, das bei Tisch zuletzt für das Bündnis mit Deutschland eintrat … nach einem Plausch, bei dem die Teller bebten.

Die Wirtin von Calacuccia war klein, aber freundlich. (Gemüsecreme, Forellen, Artischocken, Roquefort, Landwein.)

IV.

Auch ihre, zum Trotz, hochgewachsene Schwester ging schwarzgekleidet. Der zweijährige Neffe dieser jüngeren Tante (vollschlank) sprach, während sie ihn kosend und glücklich trug, immer auf und ab, vor dem Haus, auf der Landstraße, … sprach zu ihr: »Bobo! bobo!«

Während ich in Grübelei verfallen stand, ob bobo nicht ein unanständiger Körperteil sei; während hernach eher eine willkürliche, saloppe, unzulässige Abkürzung für »Bonbons« bei dem jüngeren Korsen streng vermutet wurde: währenddessen war beides falsch. Ich bat höflich die Tante (vollschlank) um Erläuterung von bobo, weil hier ein ethnologisch ungeklärter Punkt für Korsika wie für die Sprache der Urbewohner vorlag.

Die Tante (vollschlank), die noch ein Fräulein war, trau-schau-wem, sagte: »Bobo – dies ist, dass ihm was weh tut.« Aber was? Darauf kam es an. Meine Besorgnis wuchs. Sie wuchs. Die Tante, mit seligem Vorwurf zu dem Bobo-Knaben hingewendet, sprach (vollschlank): »T'as mangé trop de gâteaux!« Auf Deutsch heißt das unter Schneeschroffen: »Z'vüll Kucherln gessen hast!« Er sah auch so aus.

V.

Phönizisch-hellenisch-etruskische Sprachreste hängen gewiss noch an der Insel – und wenn »bobo« zweckmäßig ohne konstruierten Umschweif und frei von künstlicher Konjektur durch »aua!« zu übersetzen ist, so scheint linguistisch ein gangbarer Weg fürs Erste gefunden, und das Gegenteil wäre mir ernsthaft bobo.

VI.

Nachmittags um fünf steht über dem sonnhellen Ort schon der zunehmende Mond – unfern vom Schnee. Die Luft ist aber lind und kosig, mit Grillengezirp nebst Fuglsang – was schreib' ich! Fuglsang heißen Leute manchmal in Schleswig. Richtiger lautet es: Vogeljesank.

VII.

Ein alter Kirchbau döst; von dem Steinmäuerle (zum Sitzen) umringt. Hier in der Bergsonne hörst du bei Grillengezirp die Glocke weidender Esel und Lämmer.

Jetzt kommt ein Hirtenjunge still daher. Sonst geschieht nichts. Doch! unter dem Schnee wächst Wein.

VIII.

Die Wirtin im Dorf hat alles unter sich: den Gasthof, den Postwagen, die Gemischtwarenhandlung, den Zweijährigen und die junge Tante … die übrigens ein Jahr in Tunis gewesen ist.

So jung und schon in Tunis.

IX.

Der Postwagen nach Corte geht zu einer angenehmen Zeit: morgens zwischen vier und fünf.

Gegen vier bin ich angezogen auf der gebirgigen Landstraße. Ein Goethe-Vers melodeit mit Recht: »Früh erwacht nach kurzer Rast.« Es war heiß im Schlafzimmer – und sie sprangen; sie sprangen, sie sprangen.

X.

Jetzt Geflöh… nein: Geflöt von Frühvögeln. Rosa Schneeberge. Was träuft und rinnt und rauscht wie von einem entfernten Gießbach – durch die reine Stille?

Zwei Körbe mit Frucht im letzten Augenblick schläfrig auf den Postwagen gestaut. Los.

XI.

Korsika bleibt ein Wunderland.

Der Postwagen hopst … Es wird nun dolomitig. Urgestein. Rasender Höllensturz. Teuflisches Geblöck. Irre Wildheit. Zuvor die Sonne rötlich auf dem Schnee.

Ein Wunderland.

XII.

Auch darum: weil es nun hinabgeht in das Gegenteil – in eine huldreich winkende, strahlende Belaubtheit (immer mit Vogelgepiep).

XIII.

Bei dem Ort Francardo: der Postkorse verlangsamt plötzlich die Fahrt. Er hält ganz nach rechts zu. Was ist los?

Auf dem Weg, rechts, schreitet ein Mädel. Er fährt sie mit dem beinah leeren Fuhrwerk fast an; beugt sich tief heraus, tief herunter und greift ihr mir nichts dir nichts einfach mit allen fünf Fingern (was soll das werden) ins Gesicht.

Sie gibt keinen Ton von sich. Er lacht – und fährt schneller.

XIV.

(Jetzt, vor Corte, wird alles edenhaft grün. Ein Überfluss. Triefendes Bergland; Schnee, Wein, Blumen, Zypressen, Ölwälder. Mittendrin auf dem Fels die freche Burg von Corte.)

XV.

Corte: dies ist, wie gesagt, Korsikas Herz.

Hier wuchs im Leib einer verehrungswürdigen, gehetzten, unsagbar tapfren Mutter der sonderbare Mensch heran, der kurz darauf, 1769, in Ajaccio zur Welt kam.

Corte; Calvi

I.

Dies ist über Korsika das neunte Kapitel. Das vorletzte.

Nach druckschriftlicher Beschwörung der Stadt Corte (Entscheiderin jedes korsischen Kampfes) will ich noch einen Blick auf den Meerort Calvi (Calvi enttäuscht) und eine rasche Pupille zuletzt auf Bastia schmeißen. Zum Abschied.

II.

In oder bei Corte haben die Eltern den Napoleon gezeugt. Sie legten dort seinen Grundstein im November 1768. Die Herzstadt der Insel war damals nur eine tolle Felsburg. (Zuvor der Sitz von Maurenkönigen.)

Heut ist hier auch eine Unterstadt; ein schlichtes Örtchen des Wohlseins. Friedlich; in mildklarer Luft. Ein paar Läden, ein paar Hotelchen, ein paar … Gaststätten mit Stühlen auf dem Gehsteig (Übersetzung für Caféterrasse). Statt nur die Felsburg oben.

Schießlöcher sind ja doch das letzte Ziel der Erdsöhne nicht.

III.

Oben hängt immer noch der Horst. Schwindligsteiler Absturz zum Tavignano, dem Bergstrom.

Oben, in einem öden, kargen Haus, wohnte Carlo Buonaparte, Rechtsanwalt, Gehilfe des korsischen Feldherrn Paoli, – mit seiner jungen Frau Letizia.

IV.

Ich landete früh um sieben, von Calacuccia her. Staubig nach der Wagenfahrt. Wo ist der Waschraum? (Es gibt hier ein reizendes, nicht großes Hotel mit stiller Baum- und Blütenseligkeit.)

Als ich zum Waschraum ging, eilte der widerliche Kerl aus Belgien, der Fanatische, Weißköpfige, Rotbackige, mit wütenden Generalsaugen (weißt du? neulich in Evisa) zu demselben Ort. Aus andrem Grund.

Ich schloss von innen die Tür. Ich ließ das Wasser langsam, träumerisch, mußevoll, ohne jeden Zeitbegriff über die Hände fließen. Er stand und rüttelte. Die Tür war zuverlässig. Er wagte noch einen Sturm. Ich hört' ein Bächlein rauschen. Das Wasser lief, das Wasser schwoll – wonnevoll.

Nach einer Viertelstunde war ich ganz kühl und ganz heiter.

V.

Letizia war nach der Vermählung in die Stadt Corte gezogen. Die jetzt Neunzehnjährige, nachdem sie fünfmal entbunden hatte, trug wieder etwas Werdendes. Diesmal war es eine Weltgeißel … oder ein Weltförderer?

Sie hatte die Gewohnheit, mit dem General Paoli, Carlos Vorgesetztem, dem kühnen Streiter für die Selbständigkeit Korsikas (der kurz darauf nach England floh), abends das italienische Kartenspiel »reversi« zu üben. Sie war darin, laut Paolis Zeugnis, unbesiegbar.

VI.

Ich trat in das Haus, in dem Napoelons Eltern gewohnt. Der wendige Helfer Paolis (von dem er kurz darauf abfiel) mit seiner auch nicht blöden Letizia.

Ich ging über die schon damals lückigen, vermorschten, ungleichen, klobigen Steinstufen – am wölbigen Gemäuer. (Ein Haus noch aus der genuesischen Zeit, das manchen Sturm erlebt hat.)

In diesem verlieshaften Bau kam … nicht er zur Welt. Sondern der ältere Joseph – nachmals bissl ein König von Spanien und Neapel … dank dem jüngeren Brüderchen. Das Brüderchen war erst unterwegs.

VII.

Letizia wird schwarz an Leib und Haupt gegangen sein wie die Frauen hier. Mit angeboren ernster Würde, bei knappem Wirtschaftsgeld.

Ihr Carlo nahm fast alles Zusammengekratzte für seinen Standesschwindel; für schäbigen Gesellschaftsaufwand. Sie hatte zu sparen und zu gebären.

VIII.

Ich trat in die Kirche, wo sie (glühende Katholikin, Mutter des Papstfolterers) vor der sechsten Niederkunft in Corte gebetet hat.

Rechts ein heiliger Antonius (auch ich war in Padua) mit dem Kind – fast wie meiner, den ich aus dem Salzburgischen mitgebracht, mein holzgemeißelter mit dem Strick um die Kutte … Was hier? Ein heiliger Aloysius –

der urkundlich Gonzaga hieß und Kinder mild in der Pest gepflegt hat. Ich hab' nur einen ganz kleinen. Aus Würzburg.

(Bin Sammler!)

IX.

Schneegipfel schauen auf die Sommerstadt Corte. Rings ein wunderbar grünes Sommerschneetal.

In diesen fruchtreichen Himmelsstrich, auch in die wilden Wälder dort, war Letizia zeitweilig geflohen, dem Mann beritten zur Seite – bis in die Schlacht ihm nach. Jugendliche hatten hier Zutritt: denn sie hielt Giuseppe, den Einjährigen, in der Schlacht auf ihrem Gaul. Aber gegen wen ging der Krieg?

Komisch. Gegen Frankreich ... Und der Kaiser von Frankreich war unterwegs.

Frankreich besiegte damals die Korsen – gegen den Wunsch der Buonapartes ... die nachher sofort zum Feind übergingen. (Hochstapler!)

Von jetzt ab kämpften sie – gegen die korsischen Landsleute.

X.

- -

Hübsche Gesichter gibt es in Corte; das ist wahr. Ein Städtchen des Wohlseins. Ein Stiegenort.

Auf halbem Weg nach der Burg liegt eine piazza; nur eine piazzetta; eigentlich bloß eine piazzettina; sozusagen ein Platzl. Mit dem Denkmal des historischen Korsen Gaffori.

Gegenüber: das Haus, worin Gafforis kriegerische Gattin, bald zweihundert Jahre her, bei einer Kapitulation alles in die Luft sprengen wollte.

Die Frau hat wenigstens das Wort »Lieber Sklav' als tot« als ehrlicher Mensch bekräftigt – im Gegensatz zu manchem subalternen Schmierian, der es im siechen Munde führt, aber heut noch frech am Leben ist. Praktisch haben die Eheleute Gaffori zwar nichts erreicht, es gelang ihnen jedoch, den Blutverguss zu mehren. Der Erfolg war ein Denkmal.

XI.

Calvi hat eins für … Kolumbus. Schlichte Form: eine Marmortafel. Mir fehlen die Worte darauf: »Auch hier kam Christoph Kolumbus zur Welt.«

Von Calvi riss der Leutnant Napoleon vor den Korsen aus. Ich tat es heut vor der Gleichgiltigkeit des Orts. Wenn man auf eine Förde gucken soll, vom flachen Sandufer – nein.

Engländer wollen mit Gewalt ein »Calvi Beach« eoh, eoh, machen. Die Golfinsel als Insel für Golf. Schaurig. Und quoad Seefestung: so ist Bonifacio gegen Calvi grandios.

Calvi bleibt mehr ein Anblick als ein Aufenthalt.

XII.

Extrablättchen über die Fauna. – Schwarz, in einem hellen, zusammengestoppelten, leichten Fähnchen; mit, am unteren Rockende, rosabreitem Saum; aber der war gewiss zwanzig Zentimeter breit. Sie selber zwischen fünfzehn und sechzehn. Gemeint sind ihre Jahre.

Winzig-winzig die Flaumspur über knackstarken Zähnen. Leise Backenknochen sanft und zaubervoll merkbar. Das Geschöpf geht mit andren Mädeln auf und nieder; äugt kindlich, sommervoll, neckfragend – nie seitwärts.

Ich sah sie nur, als das Zügle hielt. (Oder: ich sah nur sie, als das Zügle hielt?) Und nur solang das Zügle hielt. Es hielt eine halbe Stunde. Sie schritt, glitt, guckte, scheinbar ohne zu gucken, und war jung.

Dies die schönste Korsin. Der Ort hieß Palasca.

XIII.

Weiter. Ein Wildschaf oder mouflon war angepflockt – in jenem kleinen Duftgarten von Corte, dessen zarte Wipfelblätter ätherhin hold erblassten und erstarben.

Diese Mouflonin (eine Sie) mit gemsigem Sattel fraß Zigaretten als Leibgericht. Sie leckte sich danach die Lippen.

Was doch alles vorkommt. (Auf Korsika.)

XIV.

Oder: beim Nachtmahl in Calvi rast ein Wildeber, sehr jung, in den Raum. Der Wirt hält ihn zum Vergnügen der Gäste. Der Wirt zeigt grade den Essern einen rohen zehnpfündigen Fisch.

Das Wildeberle tobt unter den Stühlen – wie ein drolliges Ungewitter. Mehr noch verzogen als belacht.

Was alles vorkommt; auf Korsika …

Bastia

I.

Wenn man durch einen Teil Norddeutschlands fährt, reist man nicht durch eine Landschaft, sondern durch eine Fabrik. Auf Korsika sah ich nur … Landschaft;

sogar kaum einen Acker. Es war herrlich in der Natur, doch ich brüllte stets nach einem Kino.

Schwer sagbares Glück, dass Bastia nun wieder eine Stadt, eine Stadt, eine Stadt ist (und eine französische).

II.

Sauber. Mit Geschäften. Leckerlockend. Riesiger Palmenplatz und Platanenplatz am blauen Meer, mit einer großen marmornen Statue des größten Korsen. (Römisch; nackt; Imperator.) Errichtet, als er schon zweiunddreißig Jahre tot war.

III.

Unter fest hingepflanzten, rosa, grünen, gelben Sonnenschirmen sitzen die Bastianer an der See auf dem Napoleonsplatz – und schlürfen etwas, nippen etwas, saugen etwas, aperitieren etwas, dösen etwas, erörtern etwas, streiten etwas, begrüßen sich etwas.

Gucken manchmal etwas über das Steingeländer aufs Meer.

IV.

Eine Stadt! … Eine Stadt! … Eine Stadt besitzt die Fähigkeit, auch Mießnicks hübsch zu machen. Oder doch nett.

Was in einem wilden, halbverlassenen Dorf an eingeborenen Mädchen meine Augen tun (im Geist sie umkämmen, umgarnieren, umstecken, umkleiden, umkrempeln – ich kann's nicht lassen, wozu ist man Kritiker?): das tut hier eine Stadt für sie.

Die Stadt ist Zucker auf der Melone: sie holt Möglichkeiten heraus – (dacht' ich; in Bastia) …

Ich esse jedoch Melone gern ohne Zucker, offen gegen offen; – nun, für beides hat dies kurze Leben Raum (hätt' ich fast gottergeben gesagt … in Bastia).

Ganz ohne Zucker war das unsterbliche Balg von Palasca mit dem rosa Rocksaum. Keine Stadt brauchte was für sie zu tun.

Werde glücklich.

V.

Es widerfuhr mir schon im Nordland und Fjordland einmal, dass ich schrankenlos beglückt war, nach allen dämlichen, tierischen, stumpfen, kaffrigen, kretinhaften Meerfelsen eine Statue zu sehn. (Die des Geigers Ole Bull war es damals, in der Stadt Bergen.) Erlösung.

Heiliges Bastia.

Nach allen Buchten, Bäumen, Gipfeln, Stränden, Klippen, Wänden, Zacken, Gründen, Schluchten, Bächen, Stegen, Triften, Wellen, Büschen, Jochen, Wäldern, Klüften, Firnen, Pässen und Kaps ein Kino.

Heiliges Bastia.

VI.

Rasch noch ein Dutzend Pflichtworte: Korsikas größte Stadt, Korsikas Handelsstadt, Tabak, Seife, Wein, Holz, Früchte, Kastanien, Zitronen, Fische, Zederkonfekt. Ausfuhr jährlich … (Bin ich ein Volkswirt?)

VII.

Dies war mein letzter korsischer Ort. Ich nahm die Schiffskarten. Leicht ging ich nicht weg. (Doch nur 145 Pfund.)

Sonderbar. Auf dieser, gewiss nicht deutschen Insel kam ich von einem Lied aus Deutschland nicht los –

und wusste nicht mal: ist es von Robert Franz oder Schumann? Doch, es ist von Schumann. In E-Dur auf das allzu weiche Abschiedswort: »Lebewohl ruf' ich dir zu.«

Gleichviel.

VIII.

Ich legte mich auf gerolltes Tauwerk, im offnen Kasten, auf Deck – und fuhr über das Tyrrhenermeer. Es war Mittag und Nachmittag.

Hier, bei dem sogenannten »Cap Corse«, fällt endgültig das Eiland in die See. Letzter schmaler Landarm.

Die Sonne schien. Die Luft, die Flut und die Welt sangen was in E-Dur.

Eine Zeit verging, dann sah ich Elba. Wir glitten fern vorbei.

IX.

Postskriptum. – Nach allem, was ich in Korsika gefühlt (und wenn ich auch von andren Dingen sprach, dacht' ich immer an den einen Mann) – nach alledem gab es kein Halten; ich fuhr von seiner Geburtsinsel nach Italien, dann ein Stück südwärts mit der Bahn; dann, von etwas gelockt, von etwas kutschiert, wieder mit einem Schiff: nach Elba.

Zwar, die Zeit war um, die Heimat rief, der Stirnschweiß quoll, der Ruf erscholl, die Krise schwoll – doch es gab kein Halten.

Von Elba wird, zum Abschluss, noch erzählt.

Nachspiel: Elba

I.

Von Piombino (das liegt im Toskanischen) fuhr ich auf einem kleinen Schiff nach Portoferraio … auf Elba. Zu dem Ort, wo er – zwischen zwei Schicksalen – zehn seltsame Monate gelebt hat. Wohin seine Mutter ihm gefolgt ist. (Auch die süße Schwester Paoletta-Pauline.) Von wo er zum letzten Gang aufbrach … dieser Menschenschlächter, der ein Menschenvorbild im Selbstschinden und Arbeiten war. Gewiss nicht im verdammlichen, schädlichen, doch im keimträchtigen, geniehaften Handeln. Der geliebteste Teufel unter den Erdbürgern. Was er geschaffen, ist fraglos mit allzu vielem Blut bezahlt. Jawohl.

Der gnadenreichste Teufel unter den Menschen.

II.

In jedem Fall ist er damals an derselben Stelle gelandet, wo das Schiff heut anlegt. Am alten medizäischen Seetor. Schon damals im rauchigen Dunst von Eisenwerken … wie heut. Man hört wildes Gehämmer.

Mit einem Schlag ist alles dann still: auf der länglichen piazza des Orts; wo der große Schlächter »Heerschau« hielt – über seine lumpigen siebenhundert Gardemänner. Die hatte man ihm gelassen. Dem »Fürsten von Elba«. Dem Napoleonchen; dem Zwergkaiserle.

Heut ergehn sich auf diesem Korso die Elbaner – vor dem Nachtmahl, in der kühlen Zeit.

III.

Er kam auf ein herrliches Eiland – mit Südpflanzen. Der Hauptport nett, sauber, malerisch; Steintreppen überall. Putziges Königreich; oder winziges Fürstentum; oder puppige Grafschaft; … oder leuchtendes Gefängnis.

Der tollkühne Seefahrer gondelt auf einem Teich.

IV.

Was war vorausgegangen? Bei uns hatten die Könige von Bayern und Württemberg, die Großherzöge von Baden und Hessen als Helfer Bonapartes (von ihm bezahlt – in Terrains und in Titeln), gegen Deutschland gekämpft. Nebst andren bethronten Edelcharakteren, die dem »Welschen« dreiundsechzigtausend Landeskinder als Kanonenfraß lieferten. (Nach der frommen Sitte, Bewohner meistbietend zu verschärfen.) Wurde nicht Lützows »wilde, verwegene Jagd« von einer deutschen Truppe fest und treu überfallen? Jawohl. Nach der Schlacht bei Leipzig, als Napoleon mit hundertsechzigtausend Mann den zweihundertfünfundfünfzigtausend unterlag: da verrieten die noblen Rheinbundherrscher ebenso den Korsen wie zuvor das teure Vaterland.

Der selbstische Blutmensch hier; die tückischen Feiglinge dort: grauenhafter Doppelanblick für einen Betrachter der Geschichte. (Der Geschichte – das ist: der zu langsamen Entwicklung des »zweizinkigen Gabeltiers«.)

Sieger: Russlands Schnee. Dann kam Preußens Widerstand.

V.

Elba. Napoleon thront nicht nur: er herrscht. Er ist hier als handelnder Mensch noch im Schuss. Er vermag nicht aufzuhören – gleichviel wo. Er kann's nicht lassen. Gleich am ersten Morgen um fünf Uhr mustert er die öffentlichen Gebäude. Bis neun. Gleich Befehl zu Umbauten. Sowie er dann, bei Herrichtung des Sommerhauses, wieder früh um fünf mitten unter den Maurern steht, Befehle gibt. Der Schwung (von Ajaccio her!) ist noch in Kraft.

VI.

Ich ging über die Treppen … Auch der Staatsmann war noch in Kraft. Oder der Hochstapler? Die Bevölkerung zu ködern, spendet er sofort sechzigtausend Franken für Wegebesserung – aber nicht in edelscheuer Vornehmheit auf dem Papier. Sichtbar, sichtbar. Seine Diener schleppen schwere Säcke mit Silberstücken durch den Ort … Über diese Stufen. Klimpern gehört zum Handwerk.

Als ich hinaufgestiegen war, sah ich, ganz oben, das Haus, worin er gelebt hat.

VII.

Es ist, auf dem Hochplätzchen, ein schlichtester, niedriger Steinbau – vier dürftige Fenster nach vorn. Dann seitlich angepappt was noch Niedrigeres, mit je drei Fensterln. Eine Kargheit. (Heut soll hier der italienische Platzkommandant hausen; alles ist aber baufällig; unbewohnt.)

Der Muschkot von der Kaserne dort, den ich ankriege, klettert durch ein Flurfenster hinein, öffnet von innen.

VIII.

Hier schlief der Gondelfahrer. In diesem Zimmer brüllten seine Träume. Hier hat er … anfangs wohl zurück, dann sehr vorwärts geträumt. (Geträumt? Gerechnet.)

Hier hat er gespeist – nach dem Reiten oder Segeln. Mit seinem General Bertrand. Ohne seine habsburgische Frau. Ohne seinen Jungen – ohne sein so sehr geliebtes, einziges Jungel. Der Blutkerl, der infame. Der ganz andre Schmerzen verbreitet hat ... als er hier erfuhr. Eine »Sühne« war es? Eine tragoedia, gewiss. Mit dem Freispruch allerletzten Endes: für die Kraft, die »stets das Böse will und stets das Gute schafft«.

Das Böse gewollt? Er war ein Korse – mit Überschüssigkeiten.

IX.

Hier liegt sein locus ... Ja, auch das vergegenwärtigt ihn – und eine Zeit. Einen Lebenshaushalt. Eine Gesittung.

Hier seine Küche, mit offnem Feuerherd – in dem armen Steinhäusel. Hier empfing er abends um acht zweimal in der Woche (der Deckenfries ist noch gut erhalten) Bewohner von Elba. Der Hochstapler. Ein Beschmeichler der Umschicht. Schlosser und Schuster und Bäcker mit ihrer Damenschaft. Er fand sie zum ... Kofferpacken (wie mein Freund Wenzel zu sagen pflegt) – doch er war im Beruf. Handwerk!

X.

In seinem Gärtchen ragt noch die hohe Palme. Das Gärtchen liegt etwa zwei Stock über der See. Mittendrin wächst ein alter Lorbeerbaum mit dickem Stamm.

In diesem Gärtchen traf er, nach Monaten der Geduld, der Ungeduld, des Planens, des Brütens, des angeborenen Verschwörens (Korse) bei Mondschein seine Mama; flüsterte dieser ein Geheimnis in das immer noch schöne Ohr: »Morgen geht es ab« – als Mutter kein Geld mehr vorschoss, und das Bourbonenpack nicht zahlte. Sein Schibboleth hieß: entweder – oder.

Sie soll zu dem Bluthund gesagt haben (so hat sie später selbst behauptet): »Schlachte weiter …!« Nein, das nicht; sondern sie will gesagt haben: für ein müßiges Leben sei er nicht gemacht, lieber mit dem Degen in der Hand sterben – und (das ist wahrscheinlich) lieber eine Million Leichen mehr. Zusammengefasst, wird sie, als Korsin, mundartlich geäußert haben: »Sohnd'l, nur ka Untätigkeit!«

XI.

Ich lese, vorn an dem verlassenen Steinhäuschen: »Questa casa angusta ed augusta dove cadde e onde risorse un impero fu per quasi un' anno stanza al primo esilio di Napoleone il Grande.« Auf Deutsch: »Haus voll Engnis und Verhängnis. Hier sank ein Reich; von hier erstand ein Reich. Ein kurzes Jahr Stätte des großen Napoleon, in der ersten Verbannung.«

Des großen Napoleon? Des Napoleone – der Italien von den Österreichern befreit hat. Die Menschen auf Elba haben damals ihren Teufel so vergöttert, wie kein Volk vorher, kein Volk (erst recht keins) nachher.

Von wo ist er ausgerückt? Nicht wie jemand nach Holland schleicht. Sondern, als der englische Wachhund Sir Soundso abwesend war, kühn mit sieben Seglern. (Er hatte, von Calvi her, die Übung, auf einem Kutter zu entkommen.)

XII.

Ich ging durch das Örtle. Ja, hier war er noch im Schuss. Dies Theaterchen hat er gleich erbaut. Kinder spielen davor um den Brunnen; hübsche Mädel von Elba schöpfen Wasser.

Das Innere des Theaters muss ich sehn. Es ist schon

Abend. Aber jemand holt willig die Tochter des Kustoden, mit dem Schlüssel. Aus einer tieferen Treppengasse.

Drin ist's erleuchtet, eine Operette wird für morgen geprobt … in Napoleons Theater. Es hat nur acht Reihen, demütiglich. Im Hintergrund noch die Loge des »Kaisers«. (Er durfte den Titel behalten; der Gondler hieß Großadmiral.)

XIII.

Auf meine Bitte wird sein alter Vorhang eingehakt – und vom Schnürboden abgerollt. Darauf ist, in farbiger Verschlissenheit, Napoleon, nackt, als »Admet, die Herde hütend«. Wer ist Admet? (Die Tochter des Kustoden sagt lieber: Apollo.)

Mir dämmert etwas. Admet: mit Alkestis aus Wien verheiratet … die ein Herakles ihm aus der Unterwelt zurückholen muss. Jedoch kein Herakles konnte die Habsburgische nach Elba bringen … Napoleons Mutter kommt, die Schwester kommt. Alkestis? Sie lässt es.

XIV.

Die Kustodentochter spricht ländlich immer »h« statt »c«. Statt »la casa di Napoleone« sagt sie: la hasa … während sie auf der Parkettbank neben mir vor Bonapartes Bühnchen sitzt.

Ihre Freundin hat einen Mann, der auch Napoleone heißt – nur abgekürzt. Leo ruft sie ihn. Sonst wäre das »troppo lungo«.

XV.

Die Mutter war ihm gefolgt. Ich trat in ihr Haus. An fünfzig Meter von seinem entfernt. Bisschen tiefer. Der Weg von ihr zu ihm war nicht weit.

In dieser verschollenen Wohnstätte der »Madame Mère« haust jetzt ein Klub. Der schlichte »circolo independente« von Portoferraio. In einem Zimmer wird gespielt.

Ein etwas merkwürdiger Klub. Ich ging abends mit Erlaubnis der Herren hindurch. In Letizias vormaligem Empfangsraum tanzen, seltsam, Marinemenschen miteinander. Inbrünstig immer zwei Männer umarmt. (Seefahrten dauern oft lange Zeit. Manche Freundschaft knüpft sich.)

An diesem Kamin hat Letizia, die das nicht ahnte, gesessen. In diesem Zimmer schlief sie – nach der gewittrigen Laufbahn des Sohns fast ruhevoll. Jetzt hatte sie was von ihm.

Sie war jedoch nicht mehr Mutter als Korsin … wie gezeigt.

XVI.

Nun am Spätabend ist alles auf Elba still. Mädel werden seltner. Von Mannspersonen bereden sich noch etliche. Wundersame Luft.

Im hellgetünchten Wirtshaus »Zur Biene« sitz' ich und trinke goldgelben, fruchtigen Wein, der auf Elba wächst.

Napoleons Gärtchen war ergreifend … mit der kleinen Brüstung und der Palme – und dem holden Blick aufs Meer. Ich klimme noch einmal vom Gasthof über die Treppen. Starre das Haus an. In so einer mondhellen Nacht ging er an Bord.

XVII.

Er hat, für die heiße Zeit, noch nicht eine Meile vor der Stadt, ein Sommerhaus bewohnt: bei San Martino.

Als ich am nächsten Tag in einem Lohnwagen hinfuhr (Letizia, die einst im Fluss bei Antibes Unterhosen und Hemden der Töchter wusch, war sechsspännig hier eingezogen), traf ich den Gärtner beim Winden eines ungeheuren Grabkranzes aus Rosen, Mimosen, Orangenblüten. Ein junger Landmann, sprach er, ist heut früh dreißigjährig an der Grippe gestorben. »Povero!« Er ließ den Kranz und ging voran in die leeren Räume.

Diesen Sommersitz hat Napoleon aus einer Bauernwohnung umgebaut. (Alles rasch; immer sofort; allemal schleunigst; presto-presto! all' opera!) Er ließ im Handumdrehen das Häusel erweitern und ausmalen. Der Gärtner kennt noch die Ortsüberlieferung: der Verbannte war bei Sonnenaufgang unter den Bauarbeitern und »dirigeva«.

XVIII.

Napoleon hatte vom Sommergarten den lieblichsten Blick auf Tal, Bucht, Berg. Alles war damals »macchia«, wucherndes Buschland. Hinter dem Häuslein fließt noch der Brunnen – der ihm rauschte.

Sieh mal an: in dies Däumlingsschloss hat er treuherzig einen »Pyramidensaal« gesetzt. Erinnerungen! Freskobilderchen aus dem ägyptischen Feldzug an der Wand. Gemalte Säulen, Palmen, Mamelucken. Ein Springbrunnbecken in der Mitte. Pyramiden im Esszimmer?, dacht' ich. Fast wie ein Mime, der sich die Kranzschleifen aufhebt. Friedrich Wilhelm Nietzsche raunt für diesen Fall: »Das Kind im Manne.«

XIX.

Das Häuschen (ein Prinz Demidoff hat später was angebaut) ist im Innern unverändert. Hier noch sein Schaukelstuhl. Im Badraum noch die steinerne Wanne. Dort, eng neben seinem, das Zimmer des Generals Bertrand. Vermutlich hat er sofort mit ihm Pläne geschmiedet. Zwei Tauben ließ er an die Decke des Empfangsälchens malen. Soll die eine davon Marie-Luise sein: so zeigt er sich wieder als Kind. Sie war ein ganz andrer Vogel … und bissl nymphoman.

XX.

Er hatte kaum Zeit, dies Sommerhaus lange zu bewohnen. Im folgenden Sommer war er schon … wo? Er geht von Elba, landet bei Cannes, stürzt bei Waterloo, dörrt auf Sankt Helena. In diesem Sommer bezieht er ein andres Sommerhaus – für immer …

Die Bourbonen kehren nach Paris zurück, der Papst nach Rom, der sardinische König nach Turin, der spanische nach Madrid.

Preußen, Russland, Österreich schließen die Heilige Allianz. Gegen die Völker. Nichts ist, nie, gewesen.

Oder doch?

Sechs Jahre darauf stirbt auf einem Felsen ein Korse fast unbemerkt. Den Bösen war man los. Die Bösen sind geblieben.

XXI.

Das leere Sommerhaus auf Elba gehört jetzt einem Grafen Pule. Ihm auch die fattoria für Weinanpflanzung. Sie steht gleichfalls leer. Alles hier schlummert. Nichts ist, nie, gewesen. Der Frühsommer glänzt. Der verstorbene junge Landmann wird heut bestattet mit

Rosen und Mimosen und Orangenblüten. Der Kranz ist groß wie ein Doppelpneu.

XXII.

– –

Letzte Nachschrift. – Im Pyramidenzimmer las ich ein Wort des Kaisers, das er lateinisch an die Wand gekritzelt: »Ubicunque felix Napoleo.« Überall ist Napoleon glücklich.

Und es kann wahr gewesen sein … während er es schrieb. Glück des Verschnaufens; Glück des Gewerkthabens; Glück des Handgelenks; Glück des Ichbewusstseins; und Glück der heiteren Allesverachtung.

Es ist, ist, ist wahr gewesen.

Widmung an die Begleiterin

Für Julia

I.

Dir lebt im Gedenken, was sprosst und sprießt;
Die Bucht und das Kap, der Pass und das Tal,
Der Felsenbach, der meerwärts fließt;

Es ist ja nicht das erste Mal,
Dass du mit mir die Welt durchziehst.

Ein heiterliebliches Gemisch
Bliebst du vom Anfang bis zum Schluss:
Halb mädelweich, halb knabenfrisch,
Mein liebster »Page Lucius«.

II.

Es war in Piana. Das Erdenall
Beging den neuen Sonnensieg
Mit Brunnensang und Träufelfall;
Die Städtewelt lag fern und schwieg.
Hoch über der See scholl Vogelmusik
Zum Ruch der Blütenflocken,
Gießbachgeräusch, Eselgequiek
Und Maultierweideglocken.
Vom Himmel hauchte Lila-Gold,
Das Mittagsmeer lag mäuschenstill,
Rotwände tauchten schroff und hold –
O heiliger Süden im April!

III.

Verschollen wie ein Zwergenschloss
Hob sich im Schattenwald ein Wall;
Ein Quell aus seinen Quadern floss
Mit raunend leisem Schall.
Dort ruhten wir, im Laub versteckt,
Die Knochen kühlsam hingestreckt.
Und eine Amsel sang vom Ast
(Ihr Trällern klang französisch fast):
»Attention! Aufgepasst!
Je chante la vie,
Je vante la vie,
Mon cœur est enthousiaste –
Attention! Aufgepasst!«

IV.

Ich lauschte lange dem Gesing,
Die Zeit verging …
Dann, wie ich lag und wie ich sann,
Sprach ich zu dir (und sah dich an):

»Mir hatte der Tod die Lust vergällt:
Ein lichter Mensch war mir genommen,
Da schien der Alltag über die Welt
Gekommen.
Doch du mit fester und linder Hand
Hast mich ins Leben zurückgelenkt,
Du zogst voran ins Kinderland,
Hast mir ein süßes Paar geschenkt.
Du warst der Anfang nach dem Ende,
Der Tod hat weichen müssen –
Ich möchte dir zum Dank die Hände
Heut und immer küssen.«

V.

Ich schwieg. Die Amsel sang vom Ast,
Doch klang es anders als zuvor:
»Je chante la vie! Je chante la mort!
Ihr haltet eine Lebensrast?
Ihr zwei im Schlupf des Laubgehegs:
Der Tod ist immer unterwegs –
Aufgepasst!«
Wir sprachen, du und ich, kein Wort,
Das Tier flog fort.

VI.

Der Tod schleicht zwischen den Stämmen her,
Er wandelt abends auf dem Meer,
Er lächelt durch das Mittagslicht,
Er sagt: »Noch nicht.«

Und wenn ich einst krepieren muss,
Dann küsst er mich mit deinem Kuss –
Leb wohl, mein Page Lucius.

Editorische Notiz

Diese Sammlung präsentiert Alfred Kerrs gesammelte Reiseberichte aus Italien. Textgrundlage der vorliegenden Auswahl ist *Alfred Kerr: Erlebtes. Reisen in die Welt*, erschienen 1989 in: Werke in Einzelbänden, Band 1,2, herausgegeben von Hermann Haarmann, S. Fischer Verlag, Frankfurt am Main 1989.

Neben den Kapiteln »Venezianisch« und »Hesperisch« ist das Kapitel »Eine Insel heißt Korsika …« mit seiner Beschreibung italienischer und französischer Orte vollständig aufgenommen worden, um die von Kerr komponierte Erzählung als Ganzes zu erhalten.

Die Orthografie folgt den heute gültigen Duden-Regeln, wobei alle Eigenheiten des Autors in Lexik und Interpunktion sowie seine besondere typografische Handhabung erhalten blieben.